AVENGERS

Ce livre appartient a:

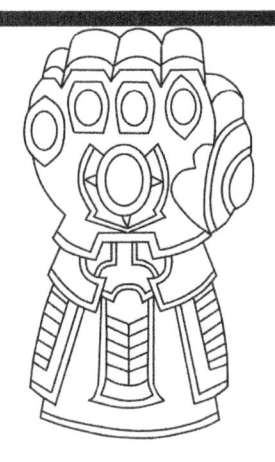

MARVEL

Merci d'avoir acheté notre livre !

Si vous l'aimez, nous apprécierons vraiment votre avis sur Amazon.

Rendez-vous sur la page Amazon de ce livre et cliquez sur "Rédiger un avis client

BLACK PANTHER

AVENGERS

1

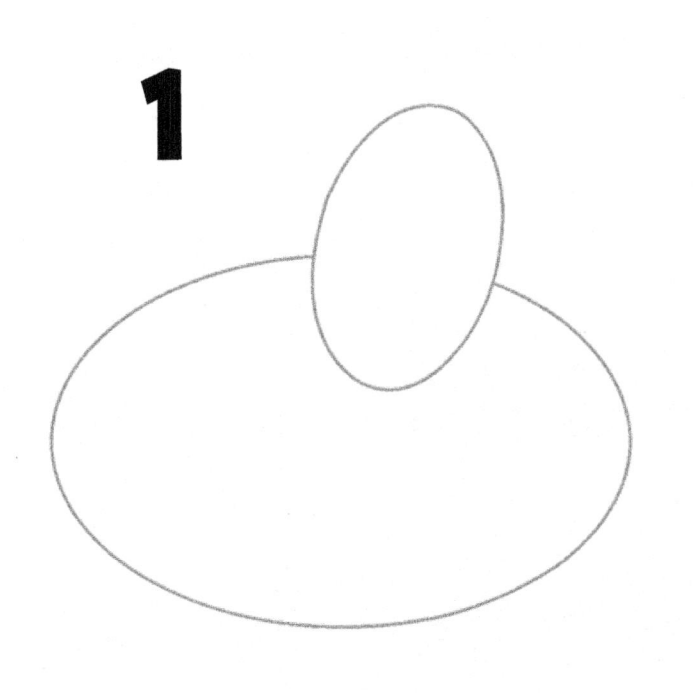

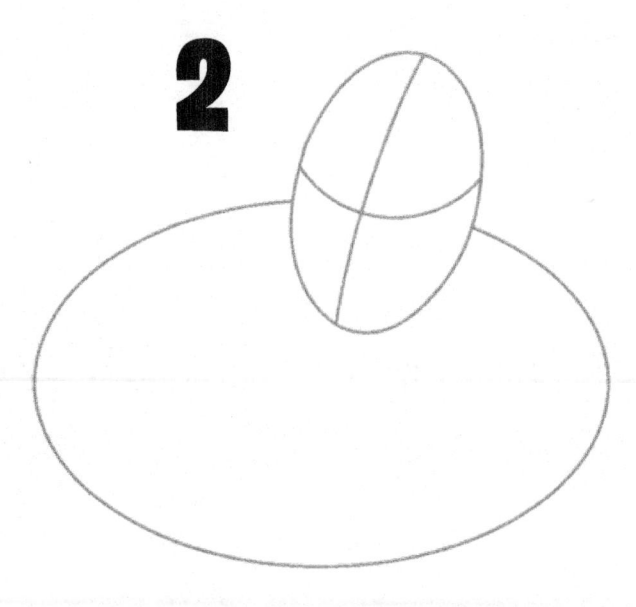

2

3

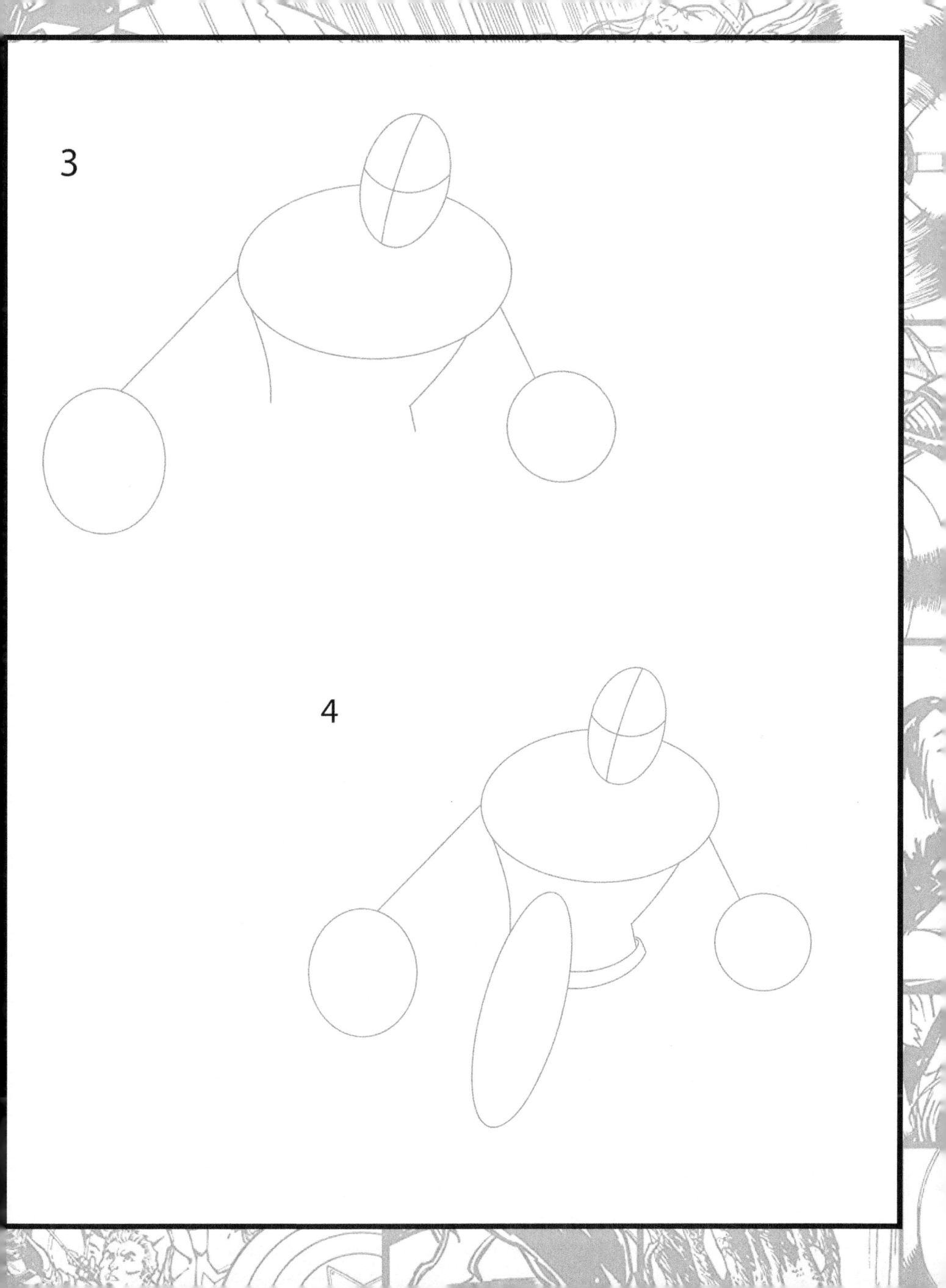

4

5

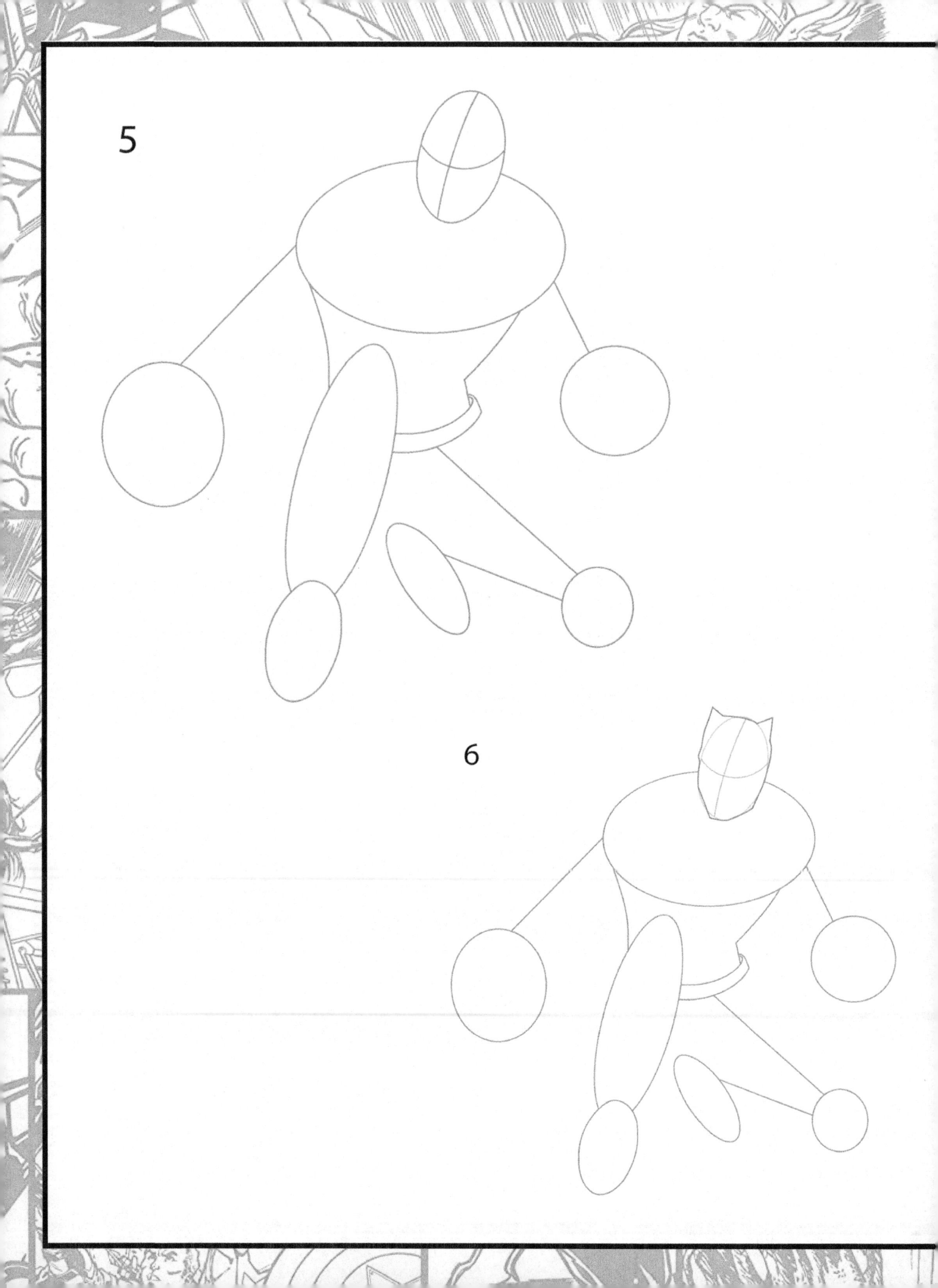

6

7

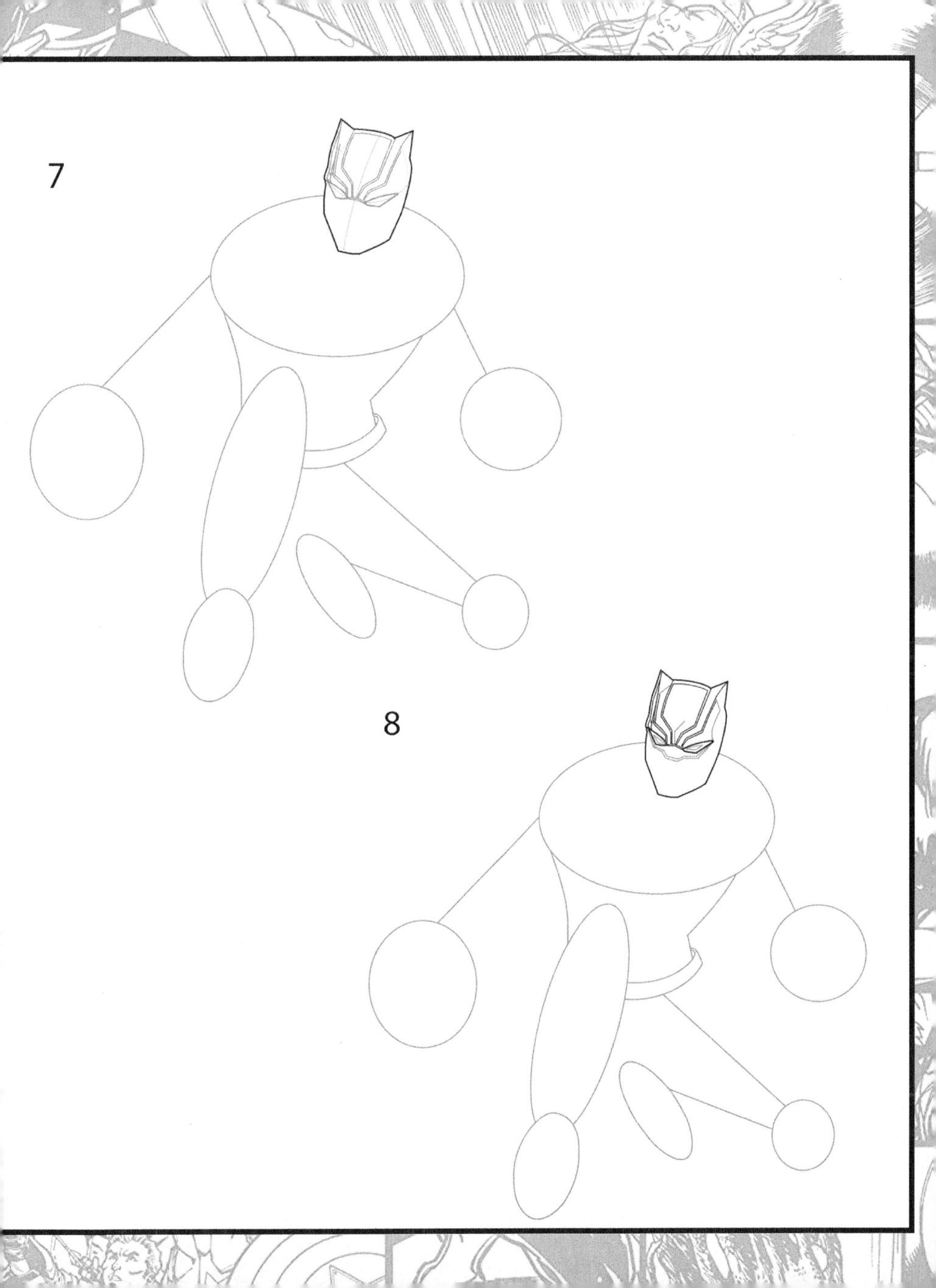

8

9

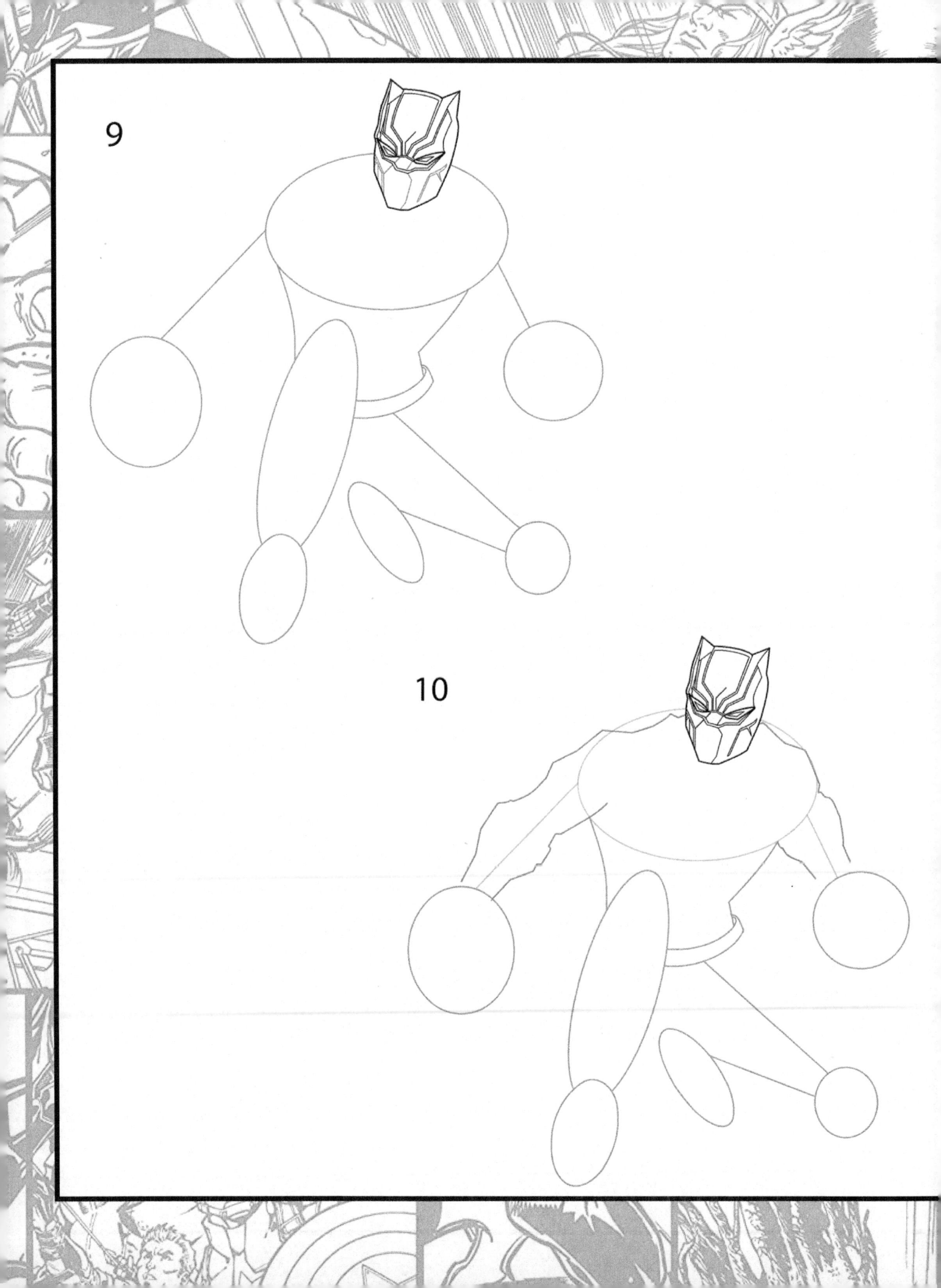

10

11

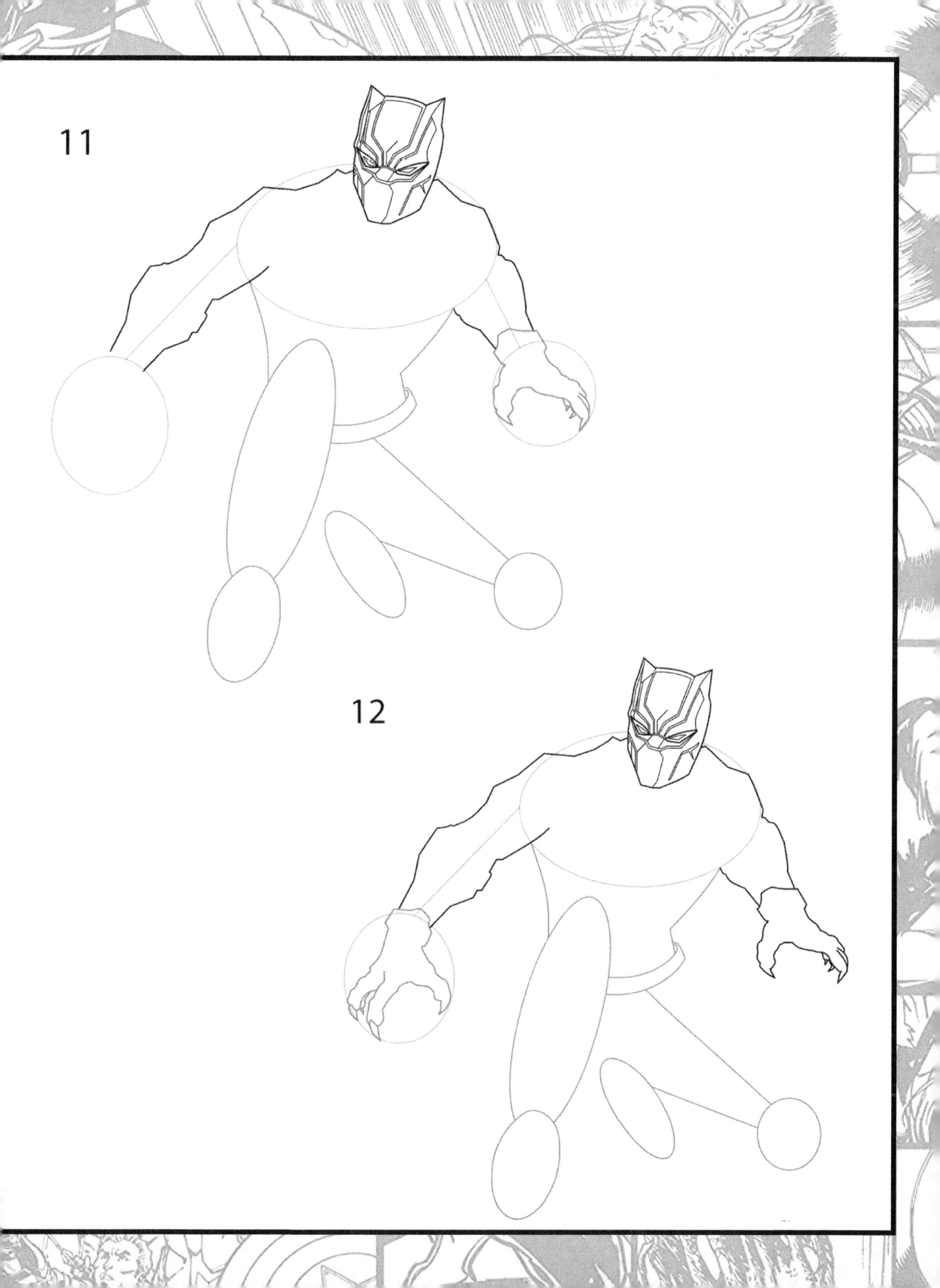

12

13

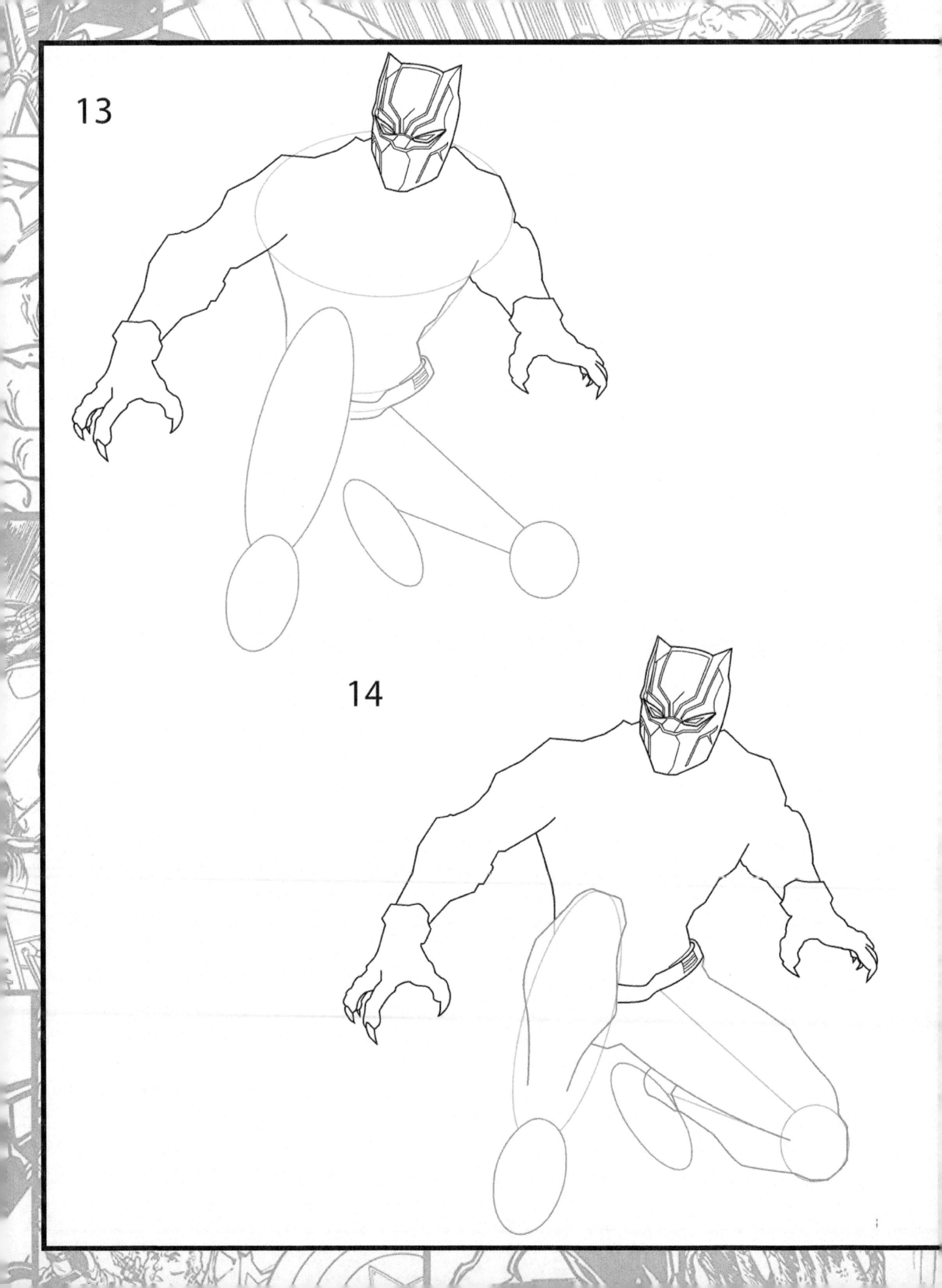

14

15

16

17

18

19

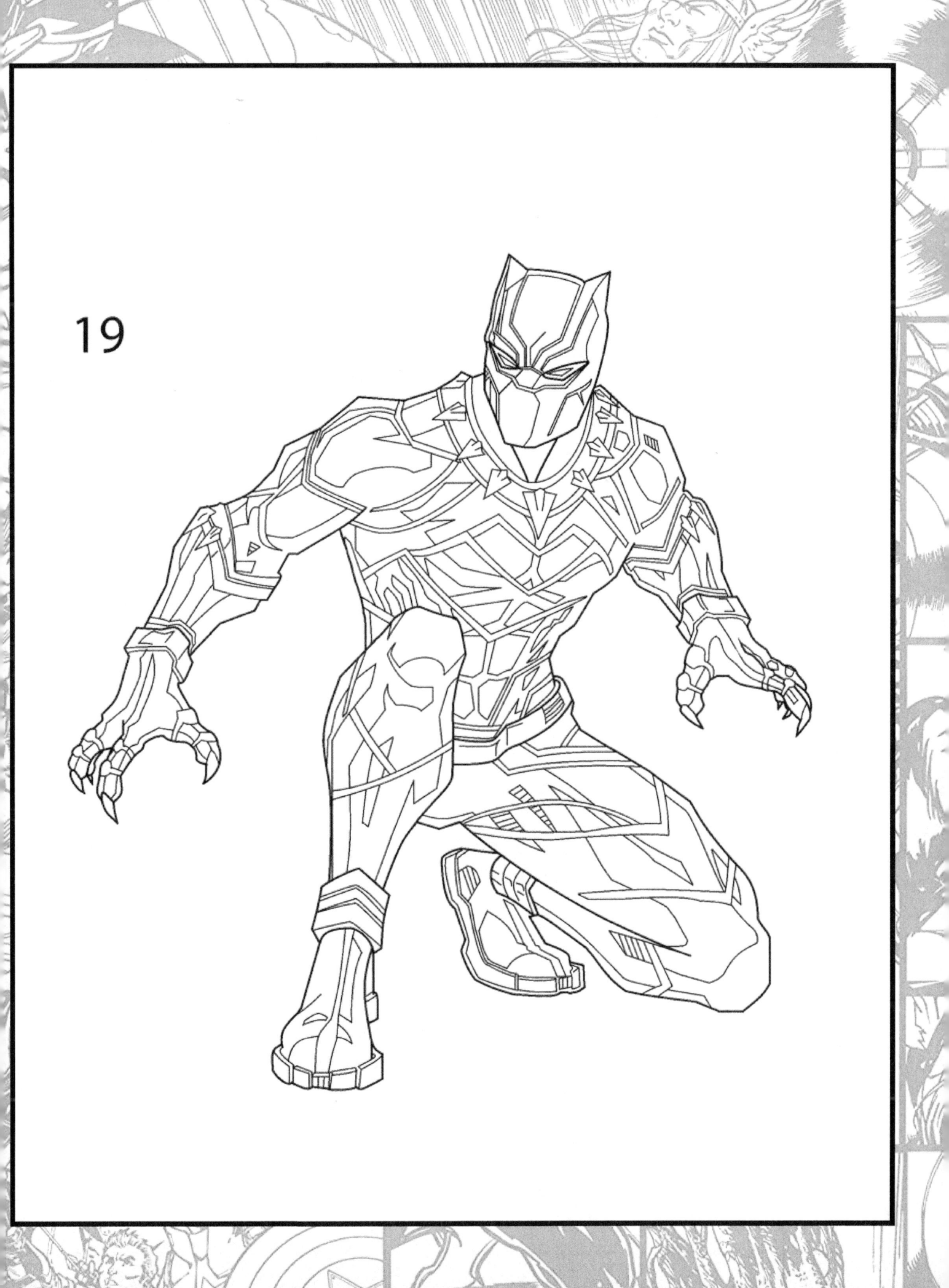

NICK FURY

AVENGERS

1

2

3

4

5

6

7

8

9

10

11

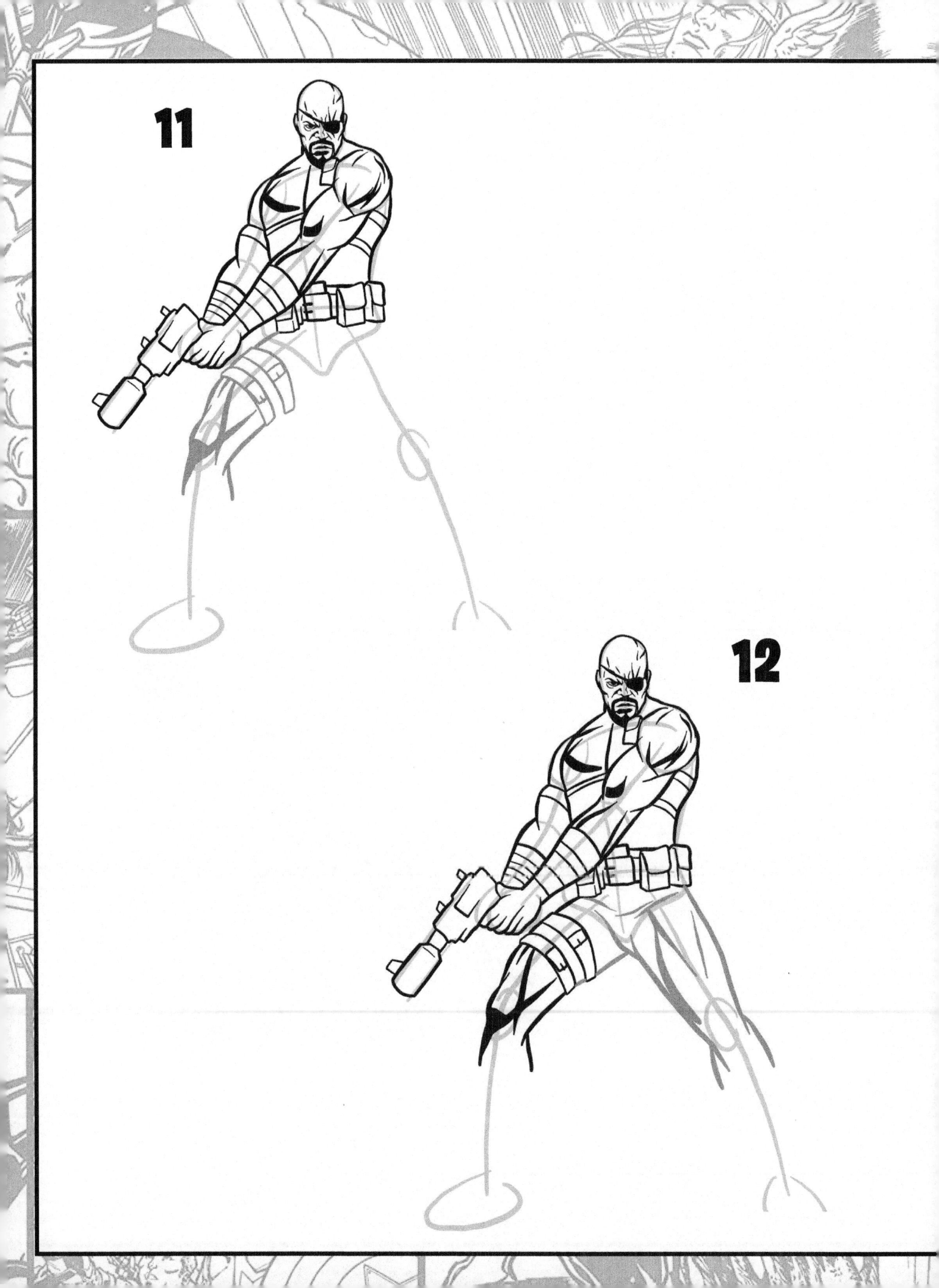

12

13

14

SHE-HULK

1

2

3

4

5

6

7

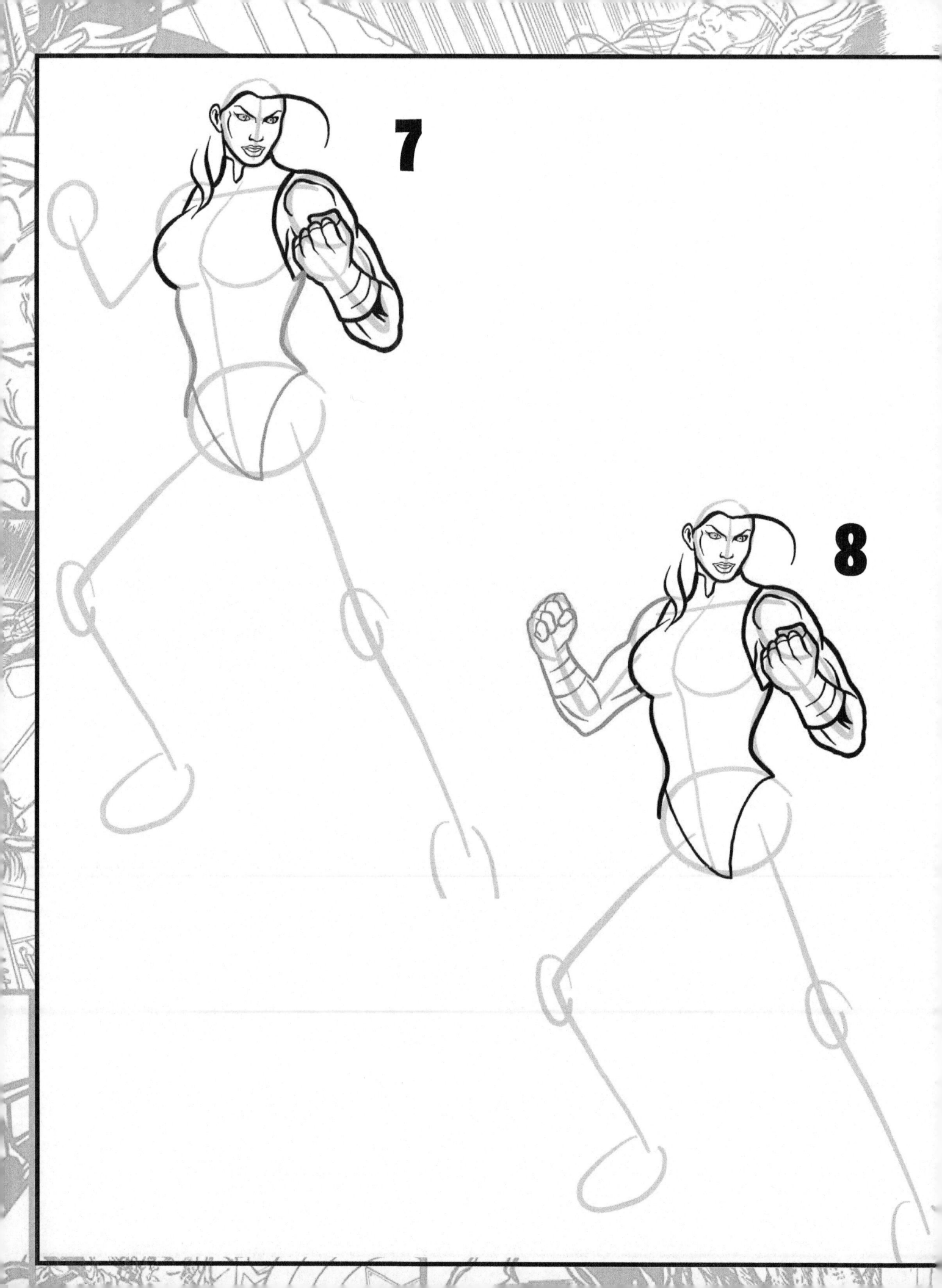

8

9

10

11

12

13

14

BLACK PANTHER

AVENGERS

1

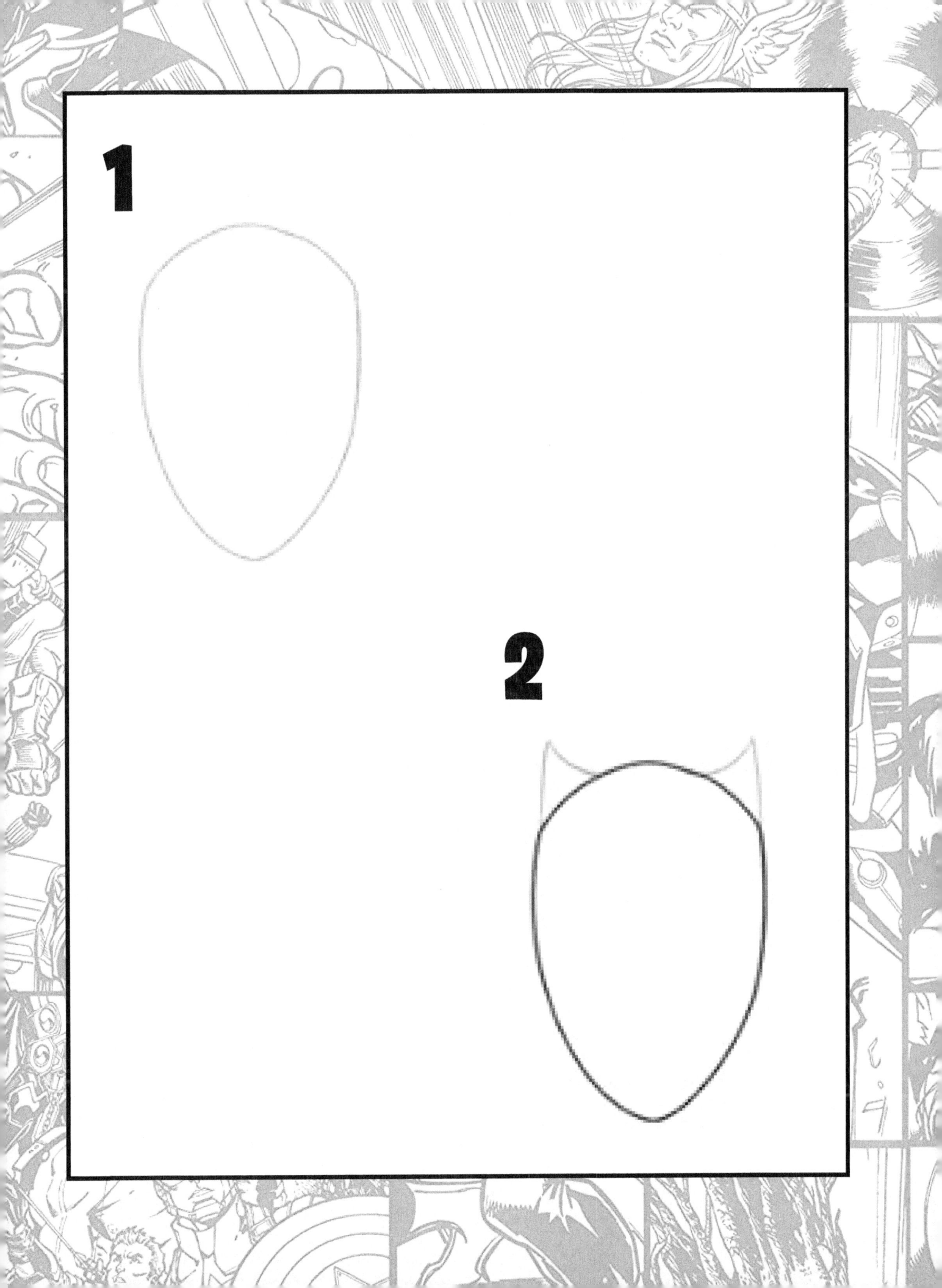

2

3

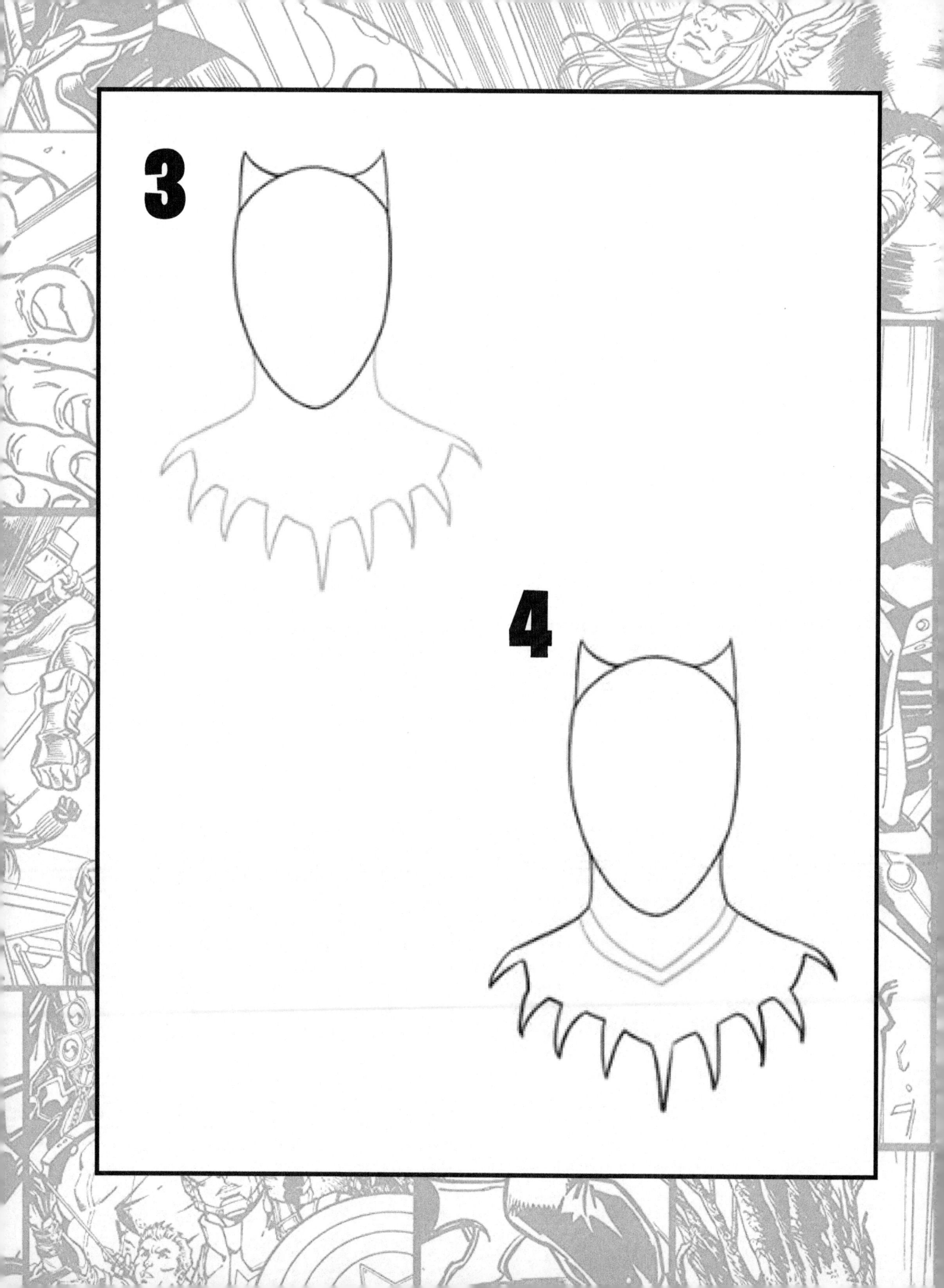

4

5

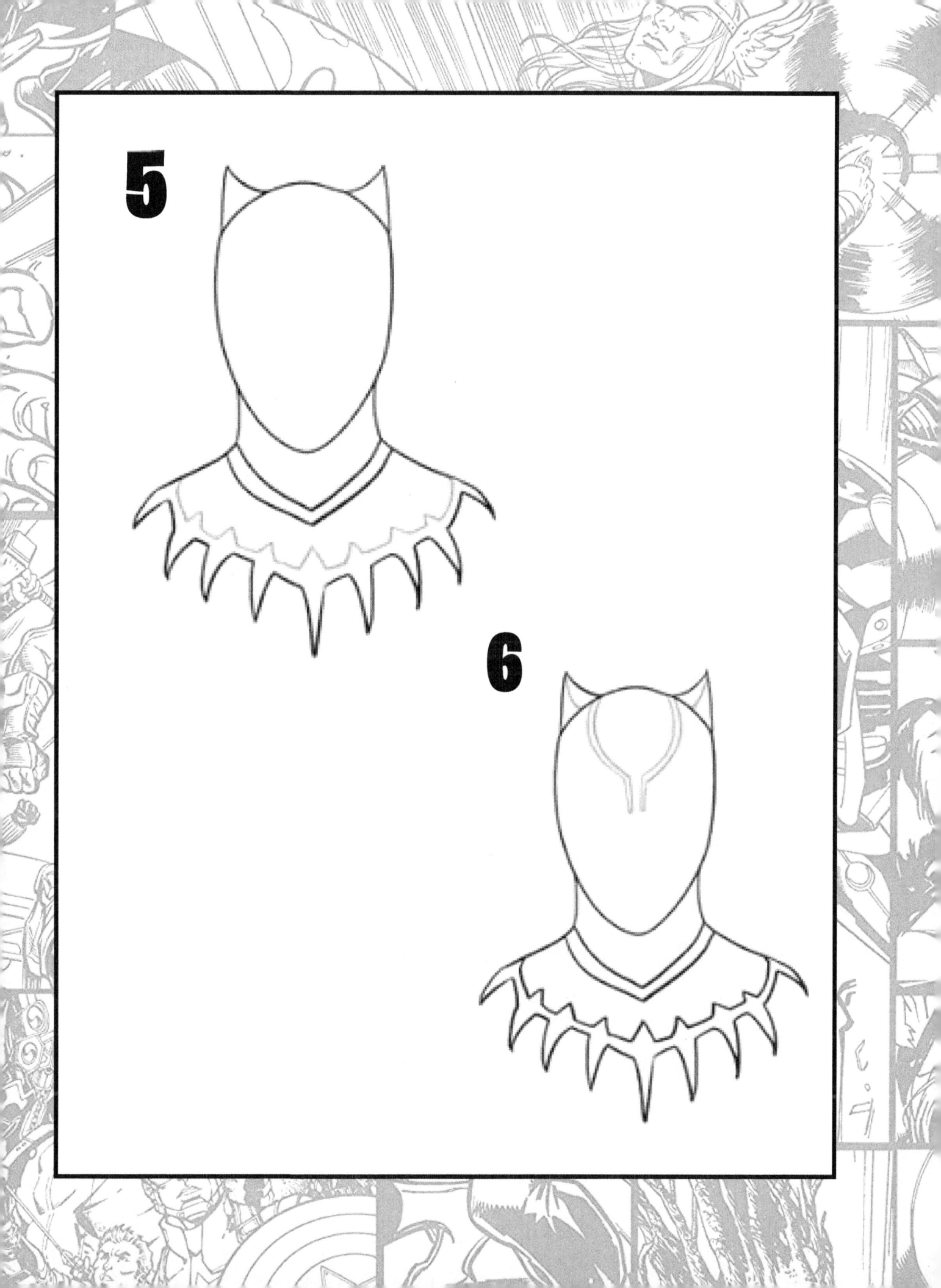

6

7

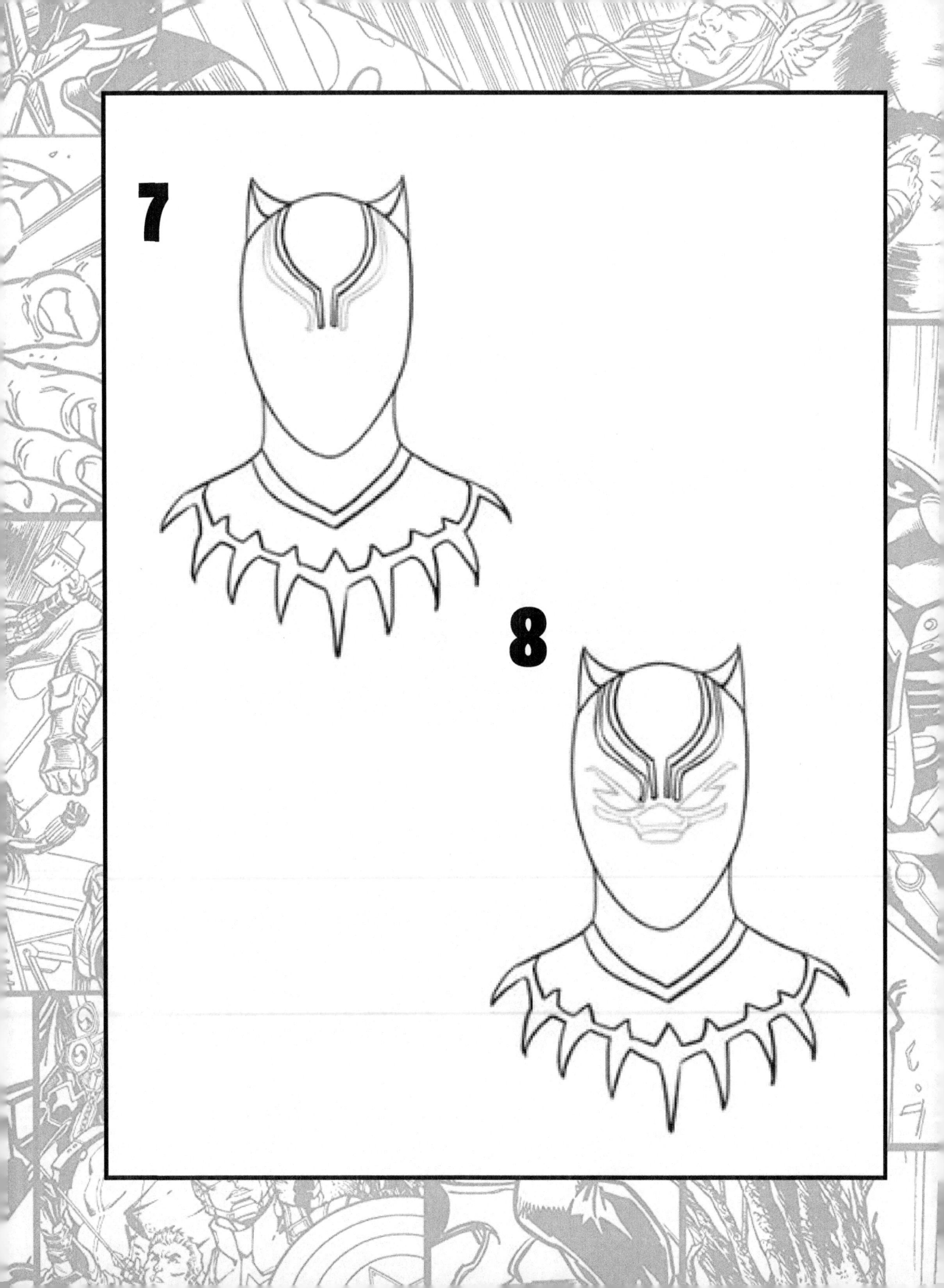

8

9

SPIDER-MAN

AVENGERS

1

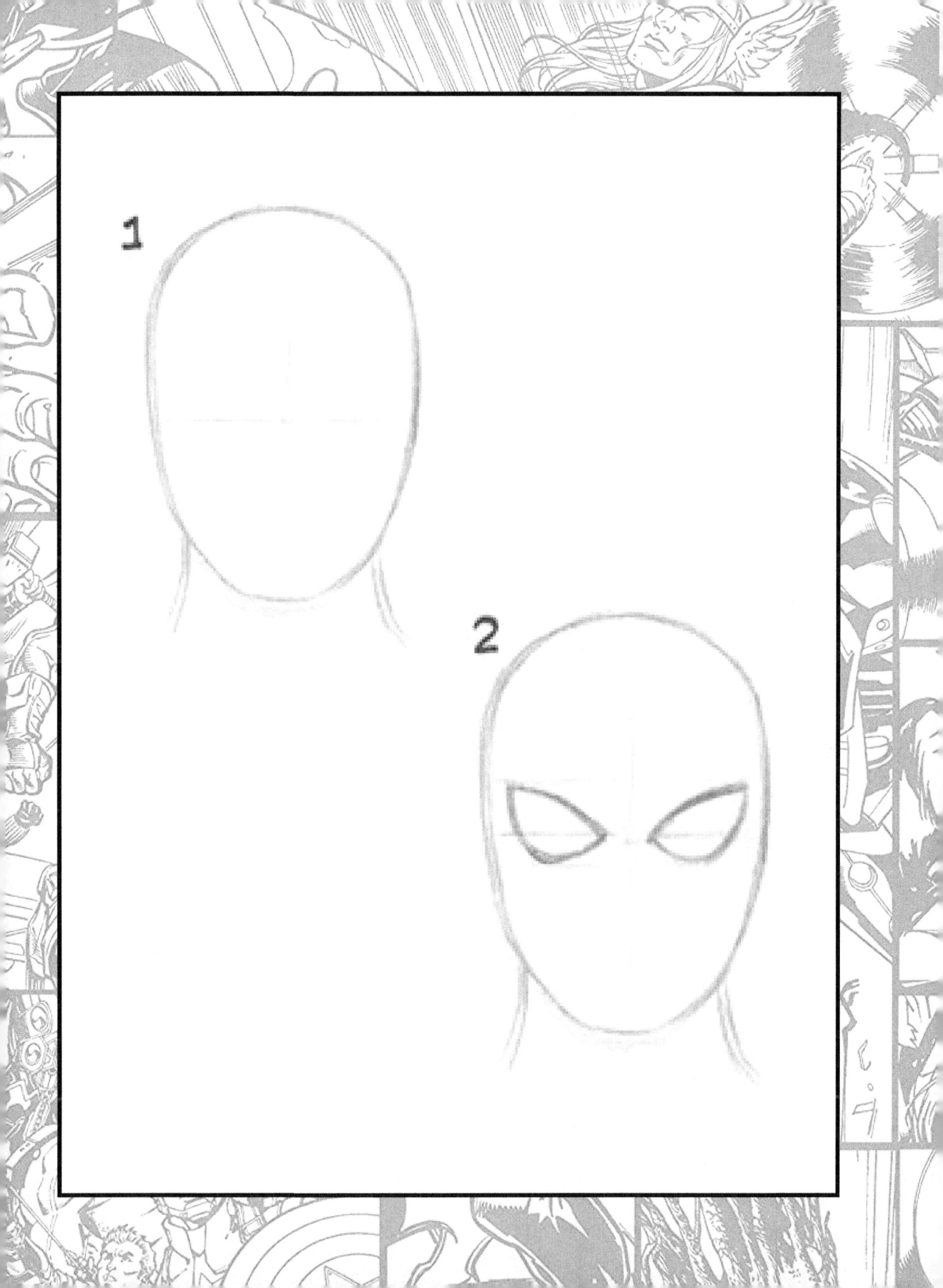

2

3

4

5

6

7

8

9

HULK

AVENGERS

1

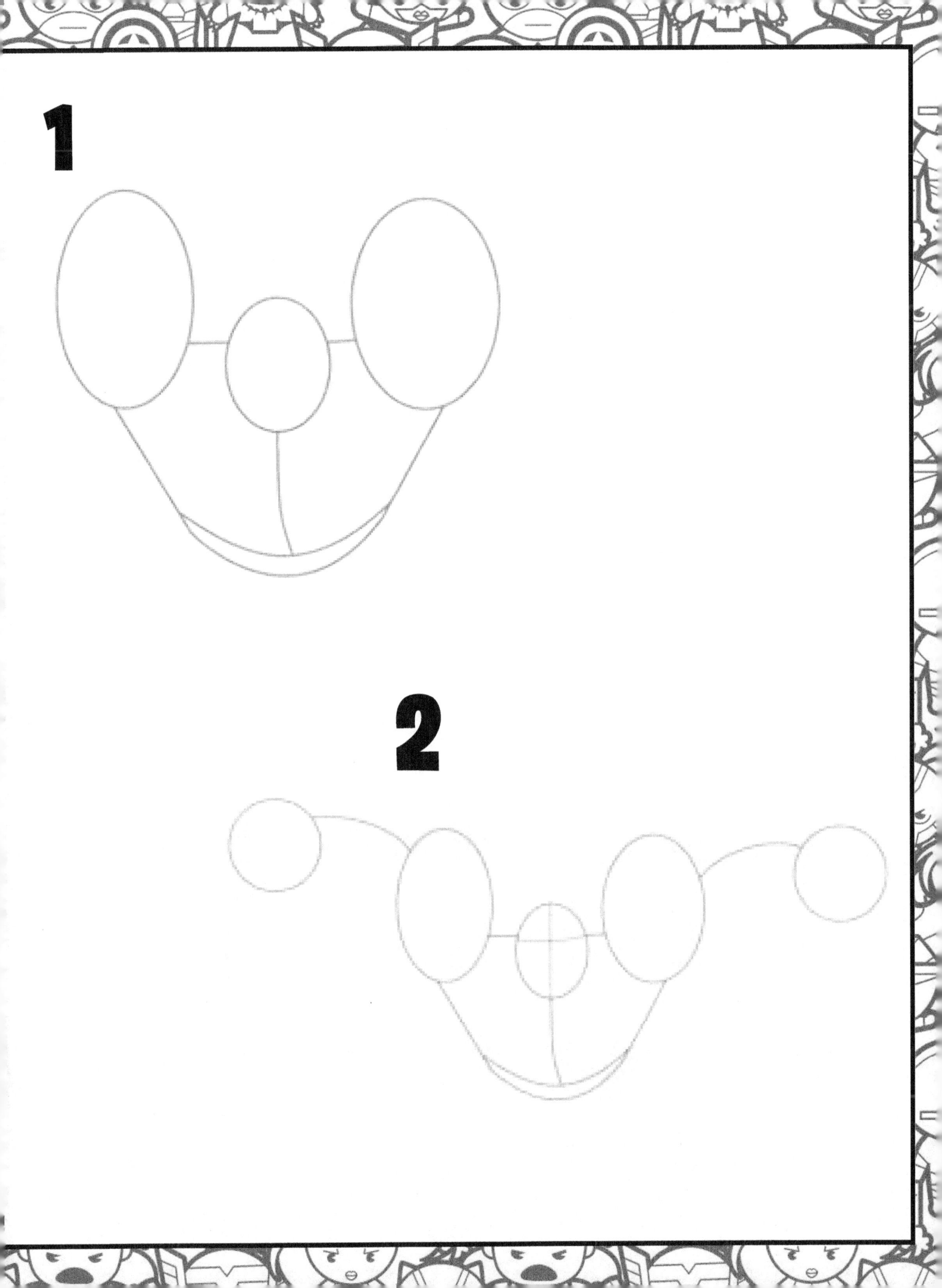

2

3

4

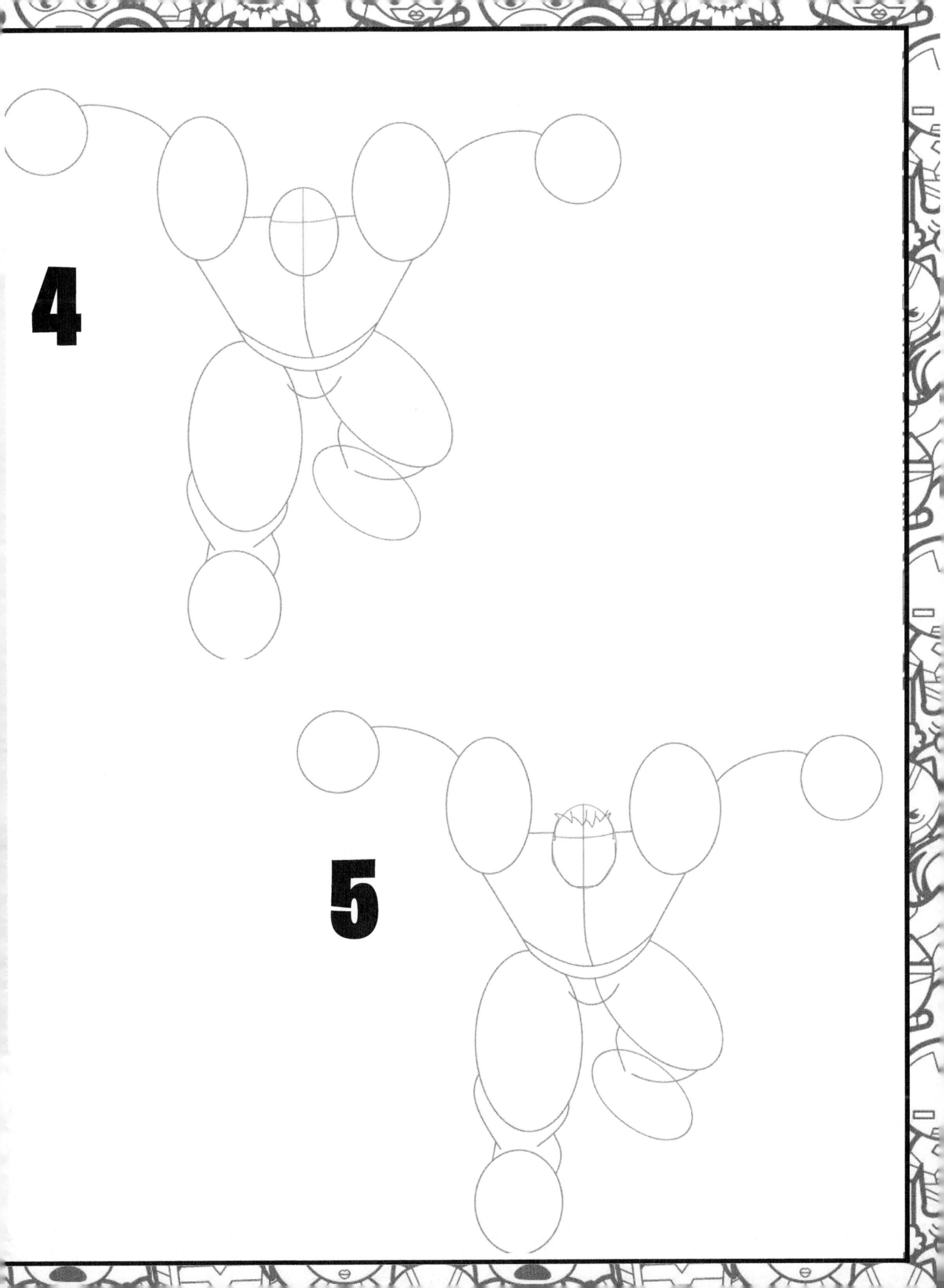

5

6

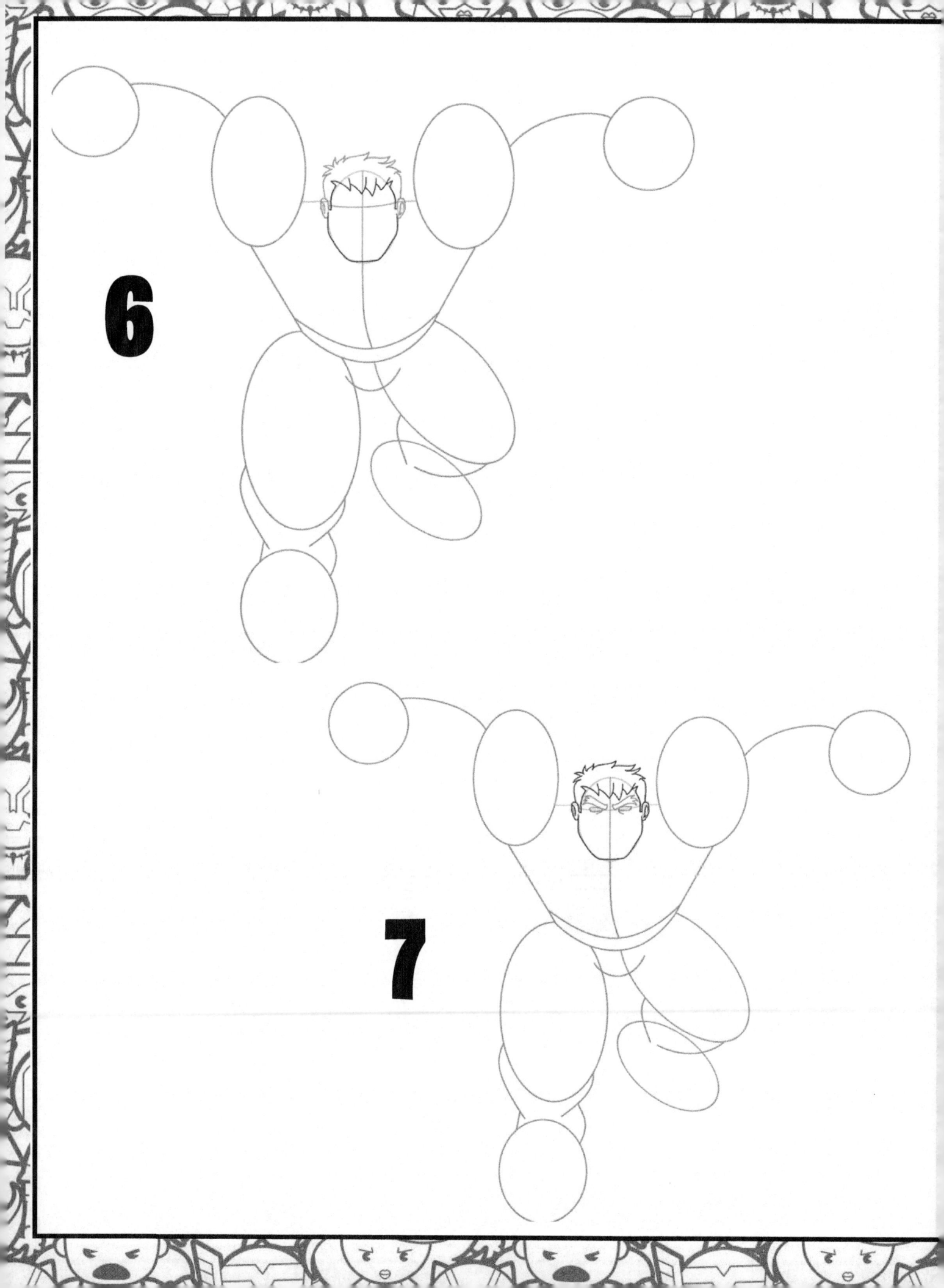

7

8

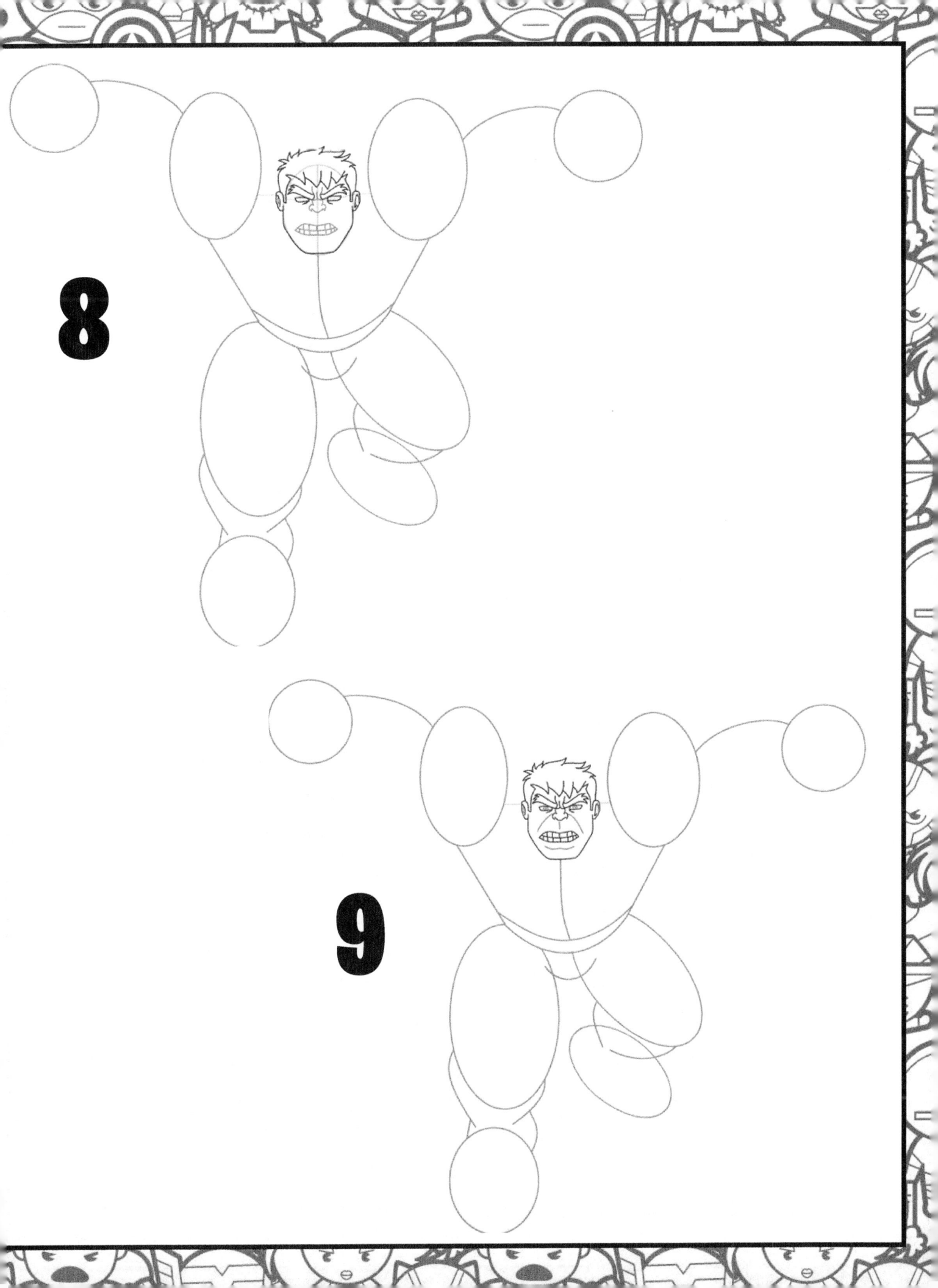

9

10

11

12

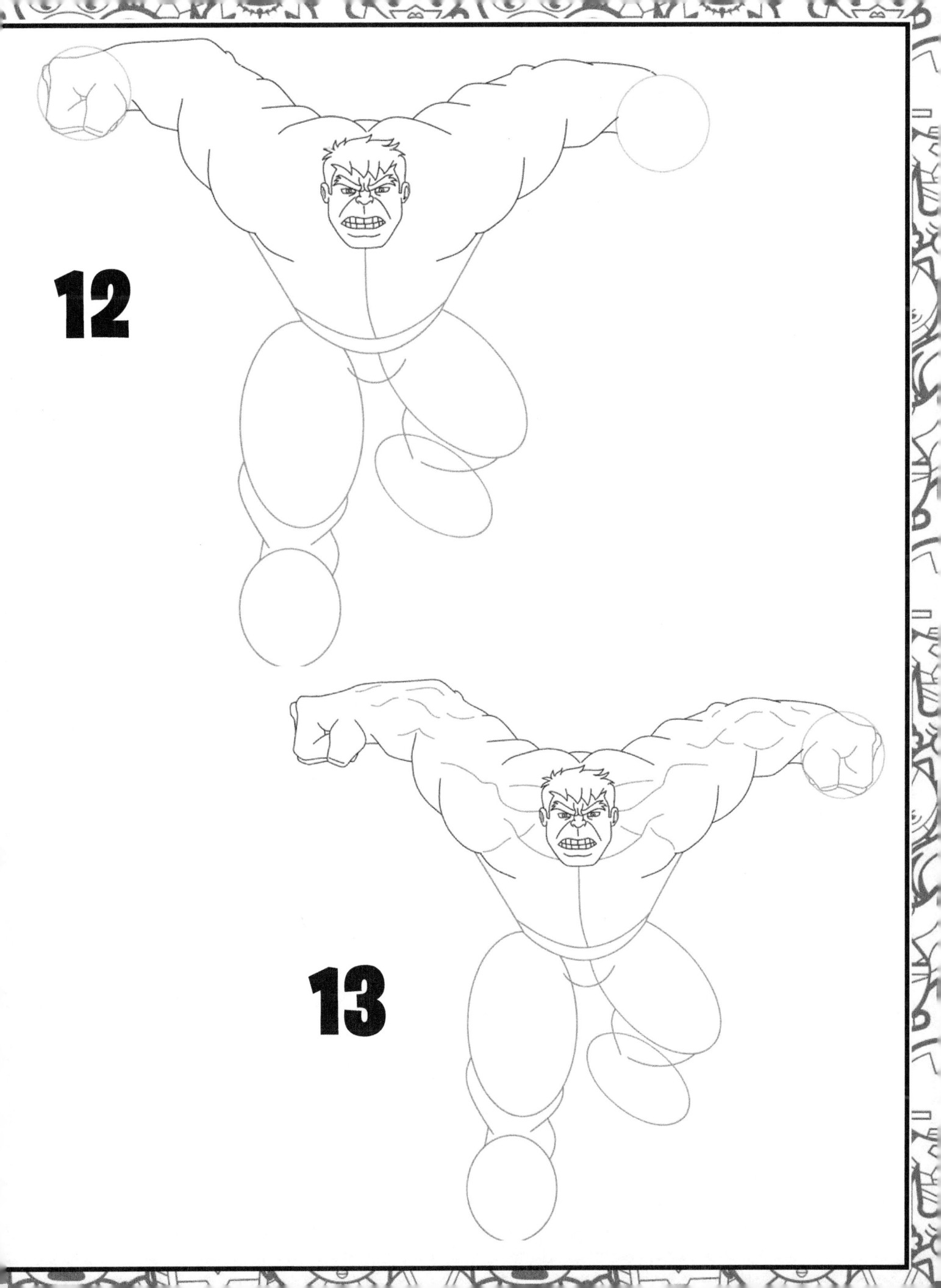

13

14

15

16

17

18

19

20

CAPTAIN AMERICA

1

2

3

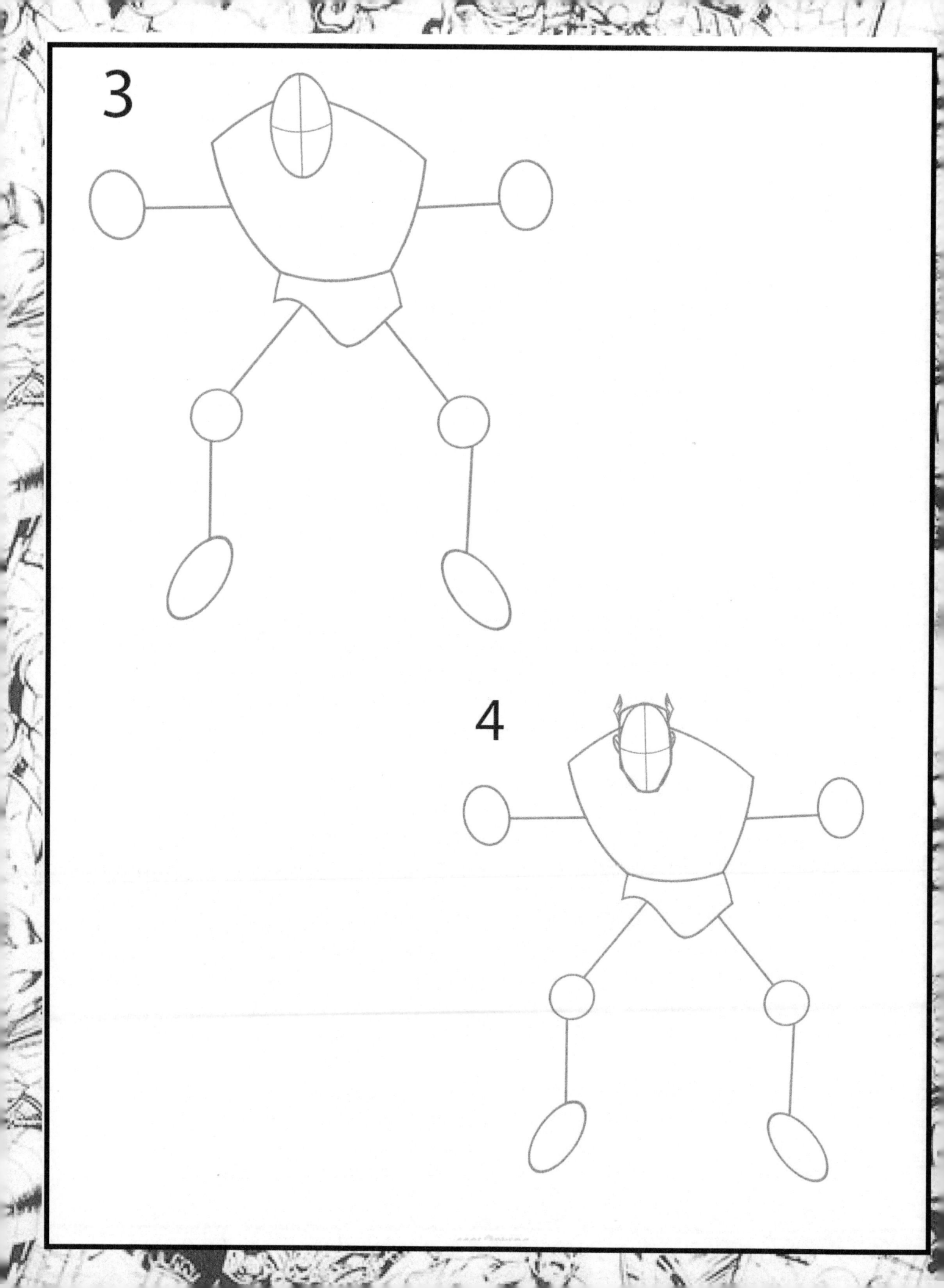

4

5

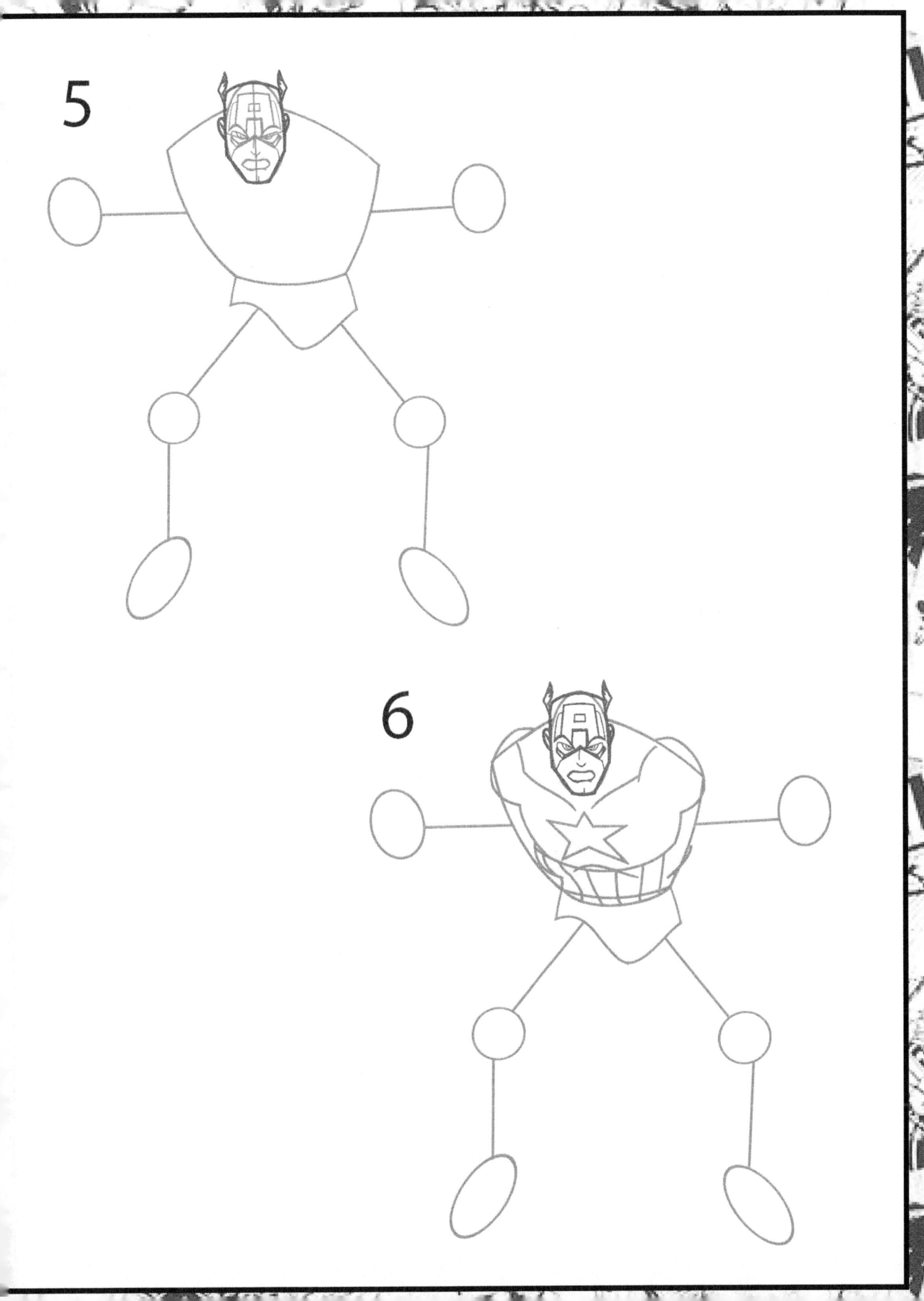

6

7

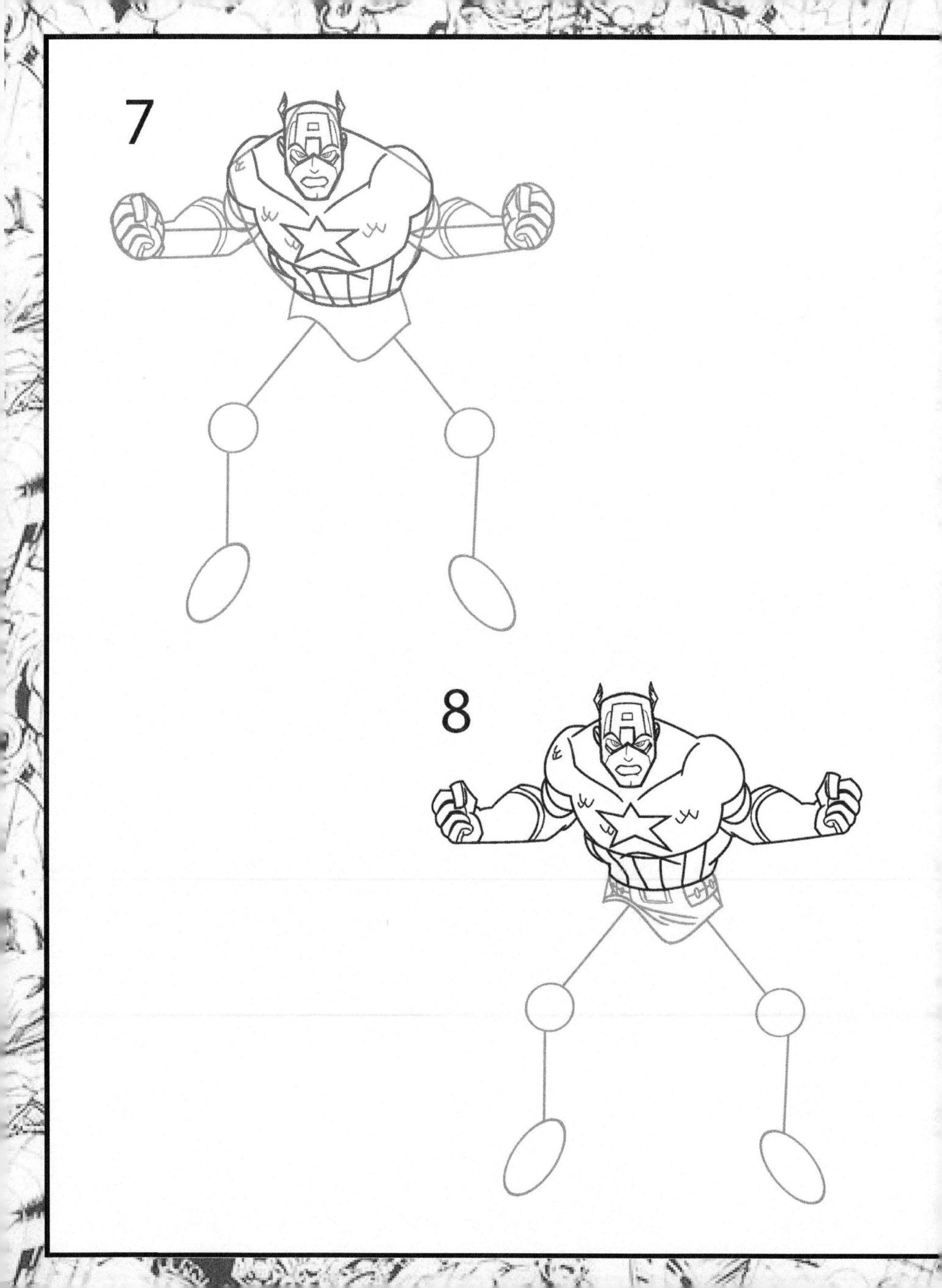

8

9

10

11

IRON MAN

AVENGERS

1

2

3

4

5

6

7

8

9

10

THANOS

AVENGERS

1

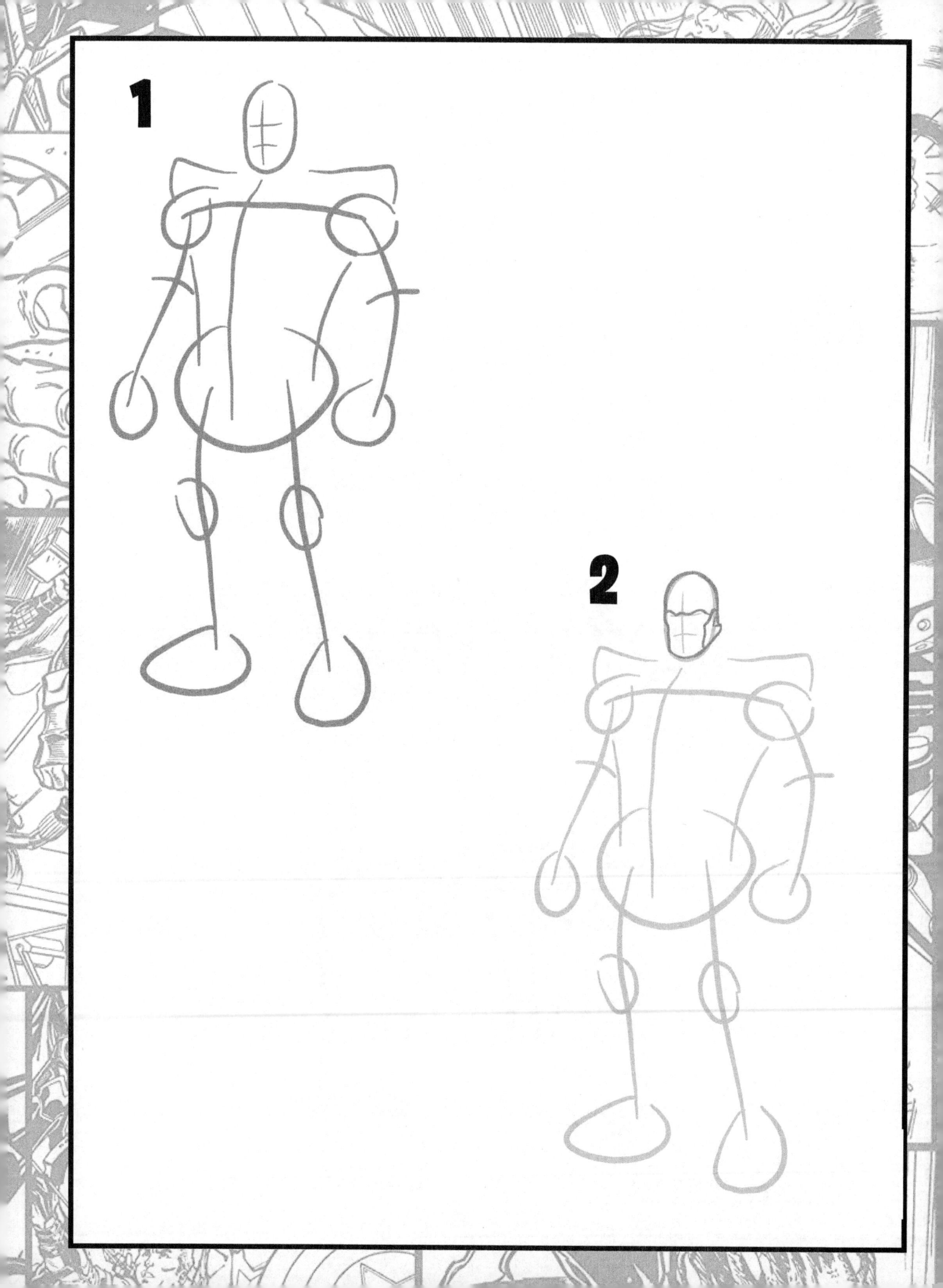

2

3

4

5

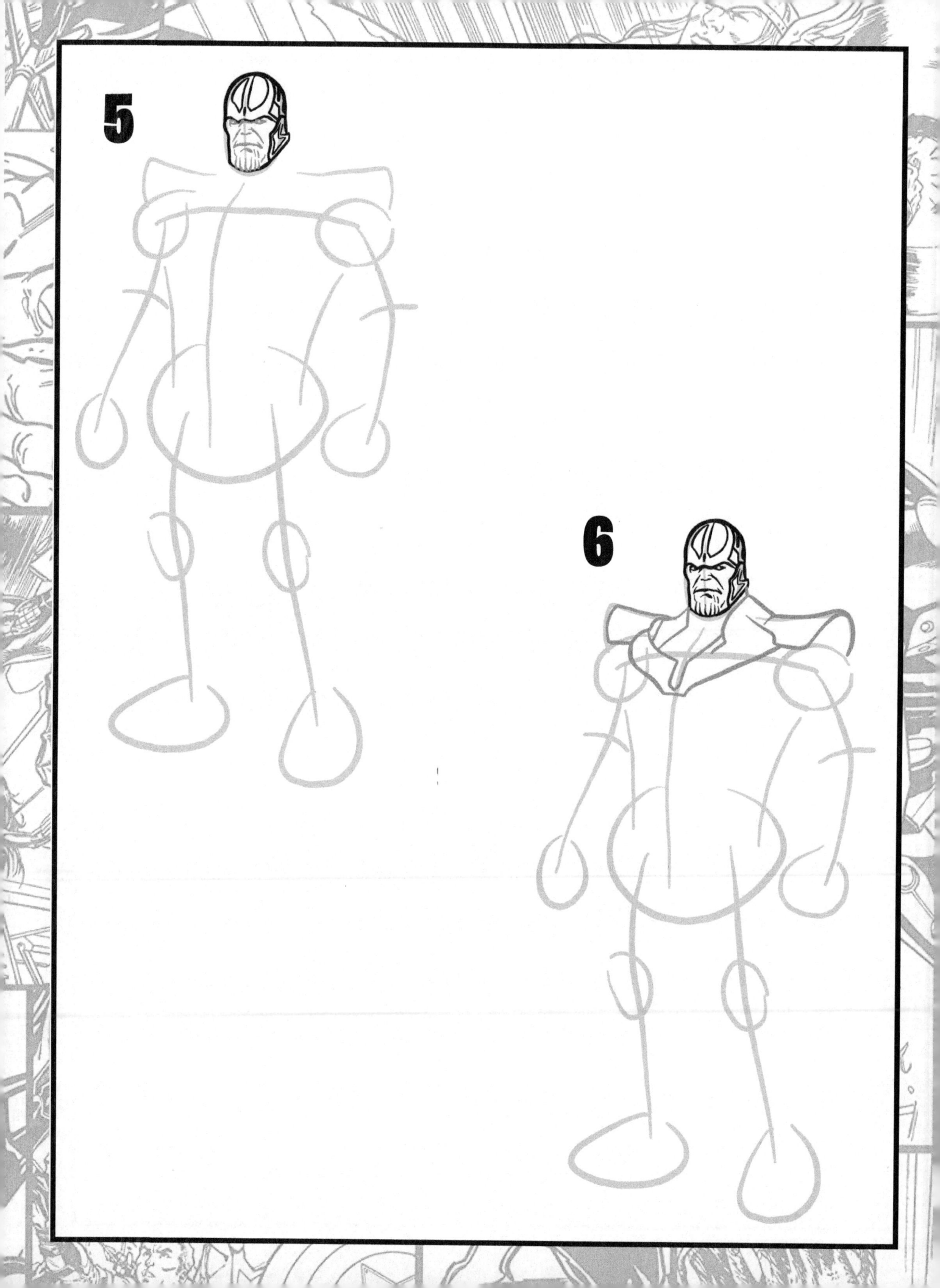

6

7

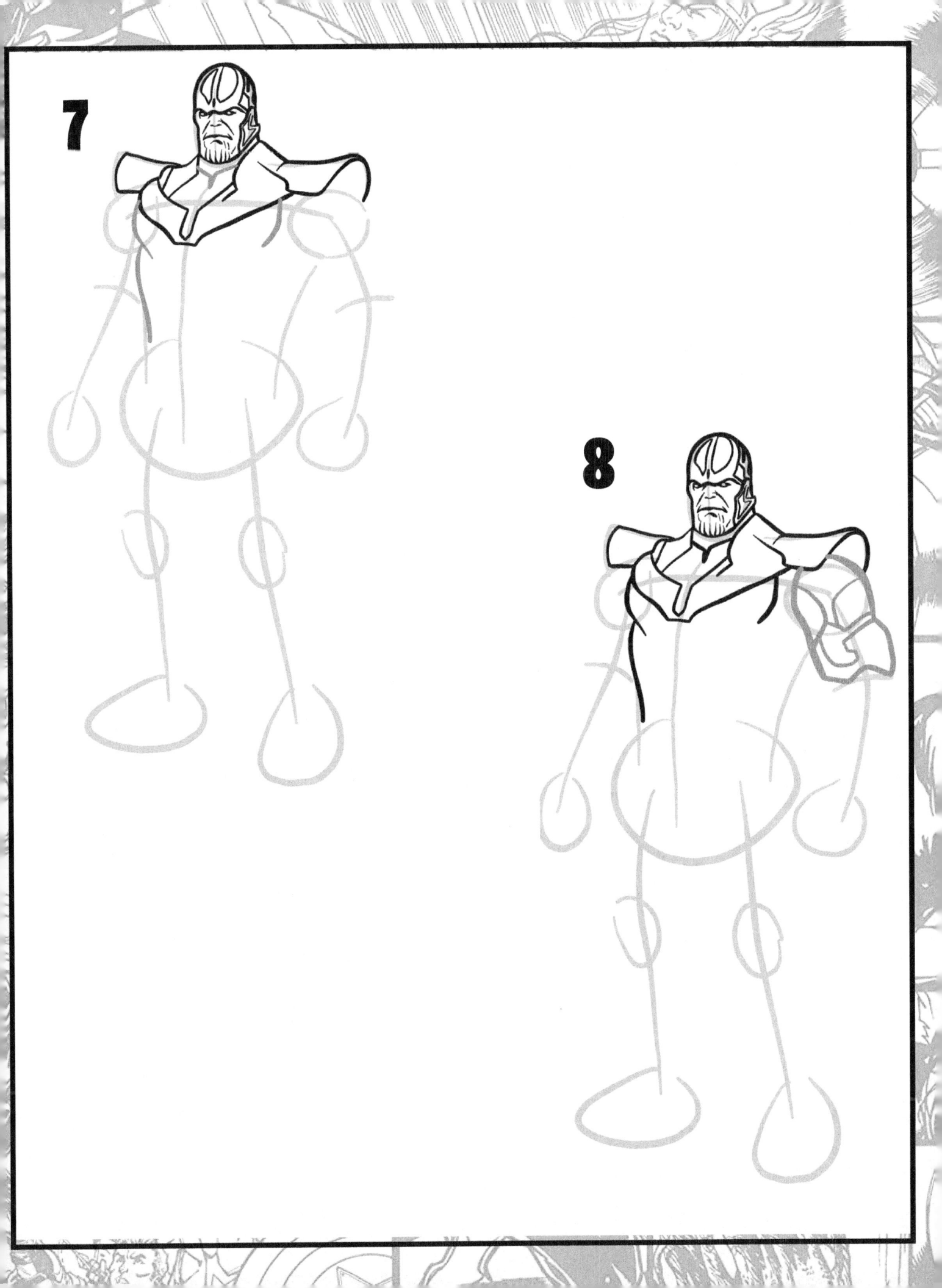

8

9

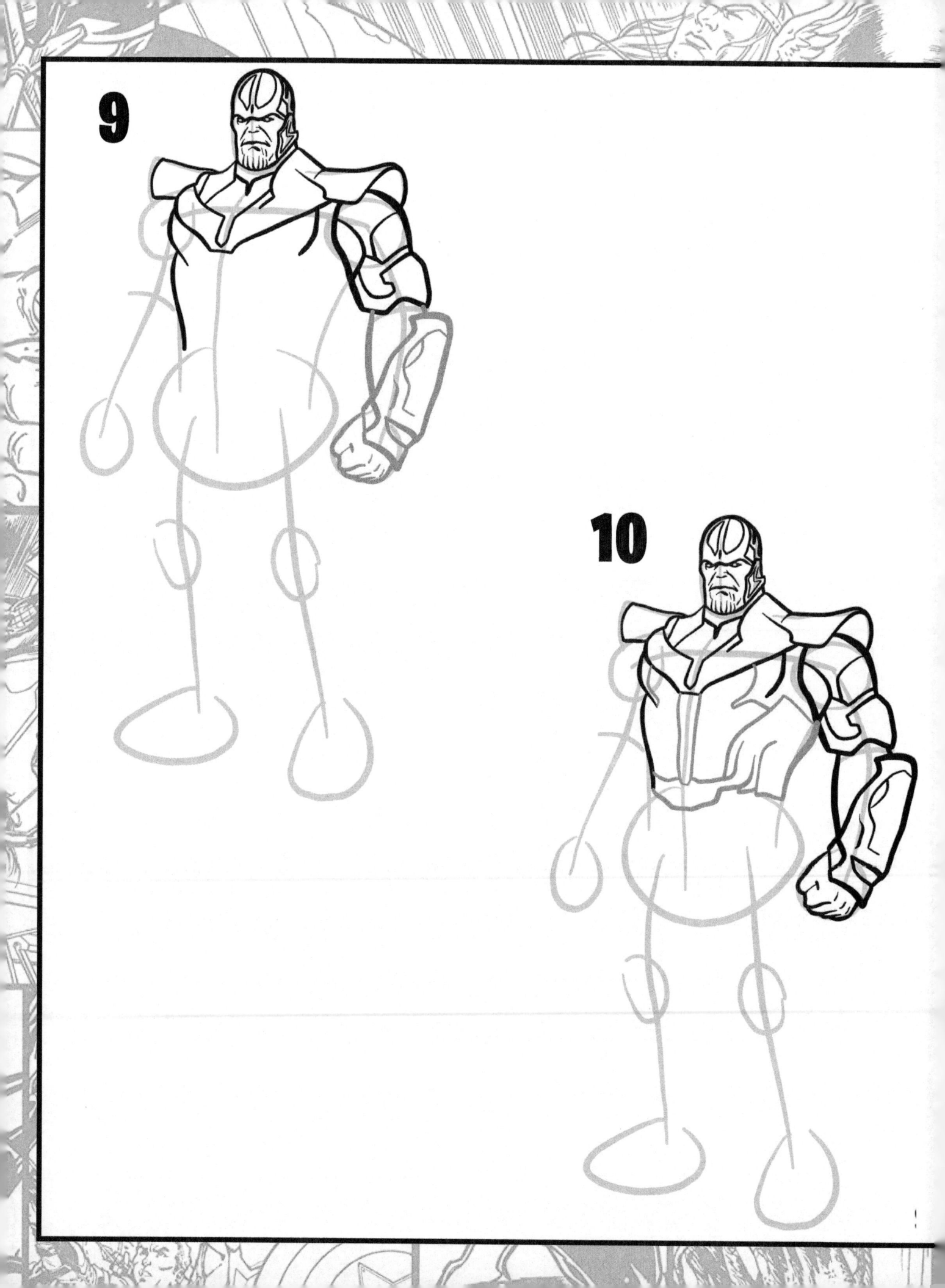

10

11

12

13

14

15

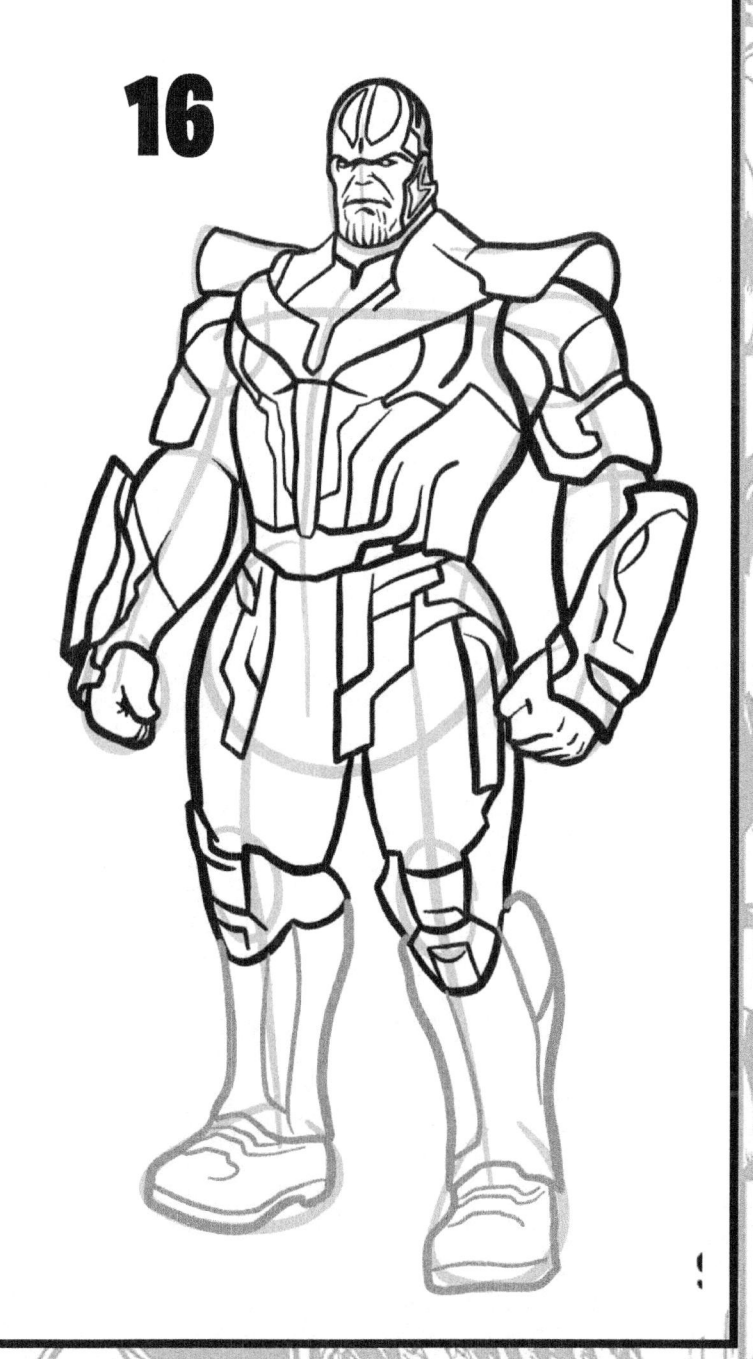

16

17

SPIDER-MAN

AVENGERS

1

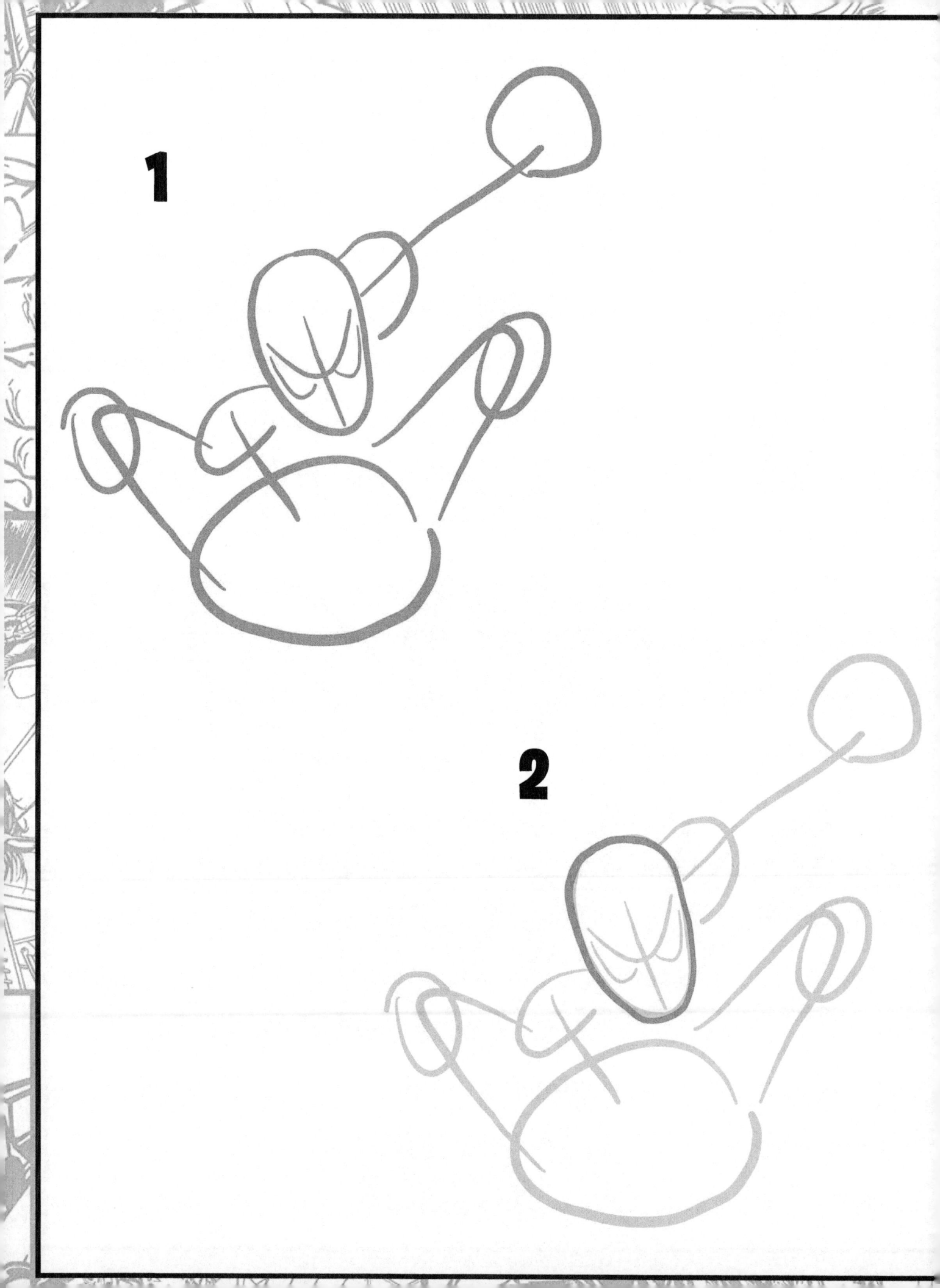

2

3

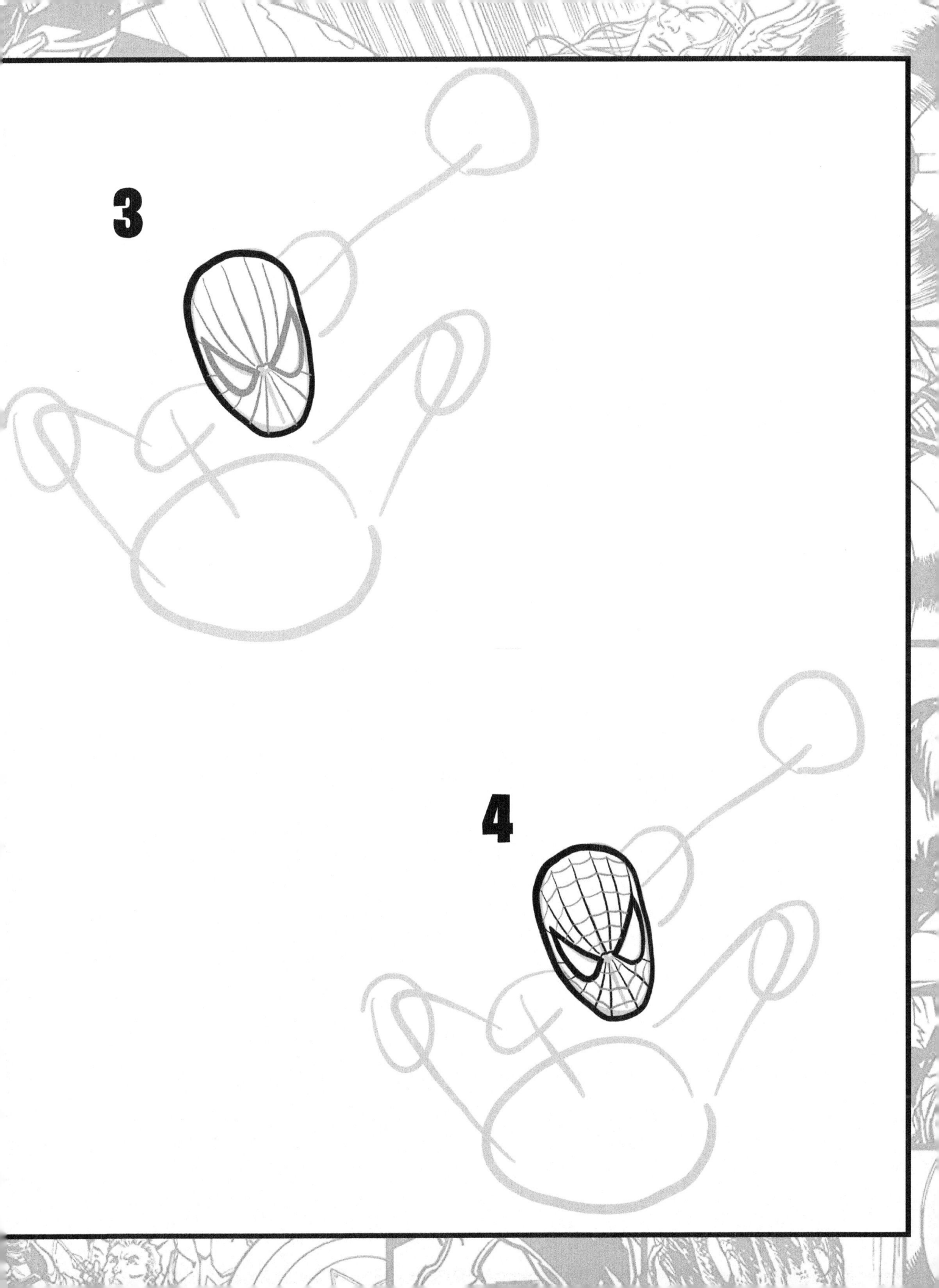

4

4

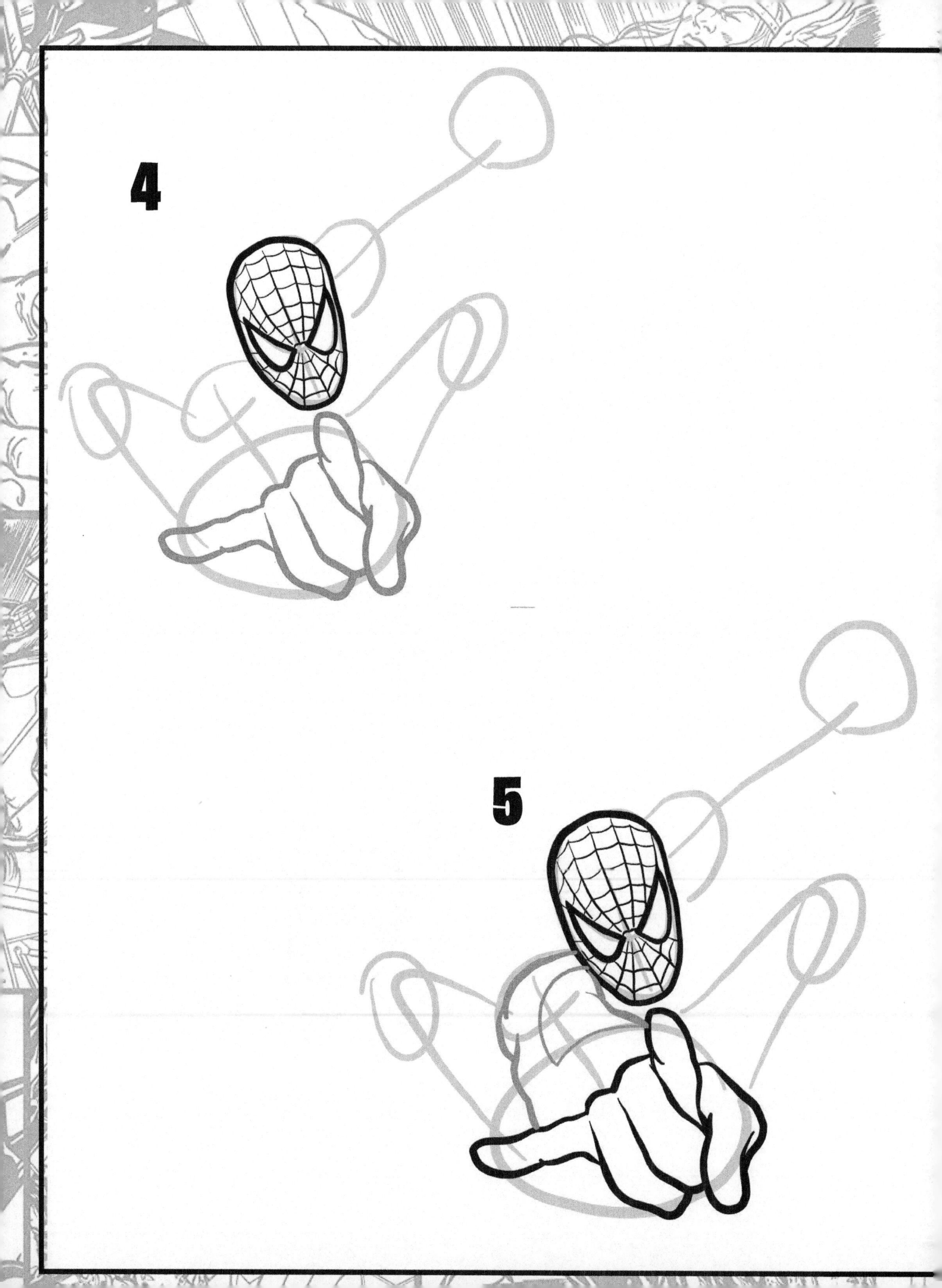

5

6

7

8

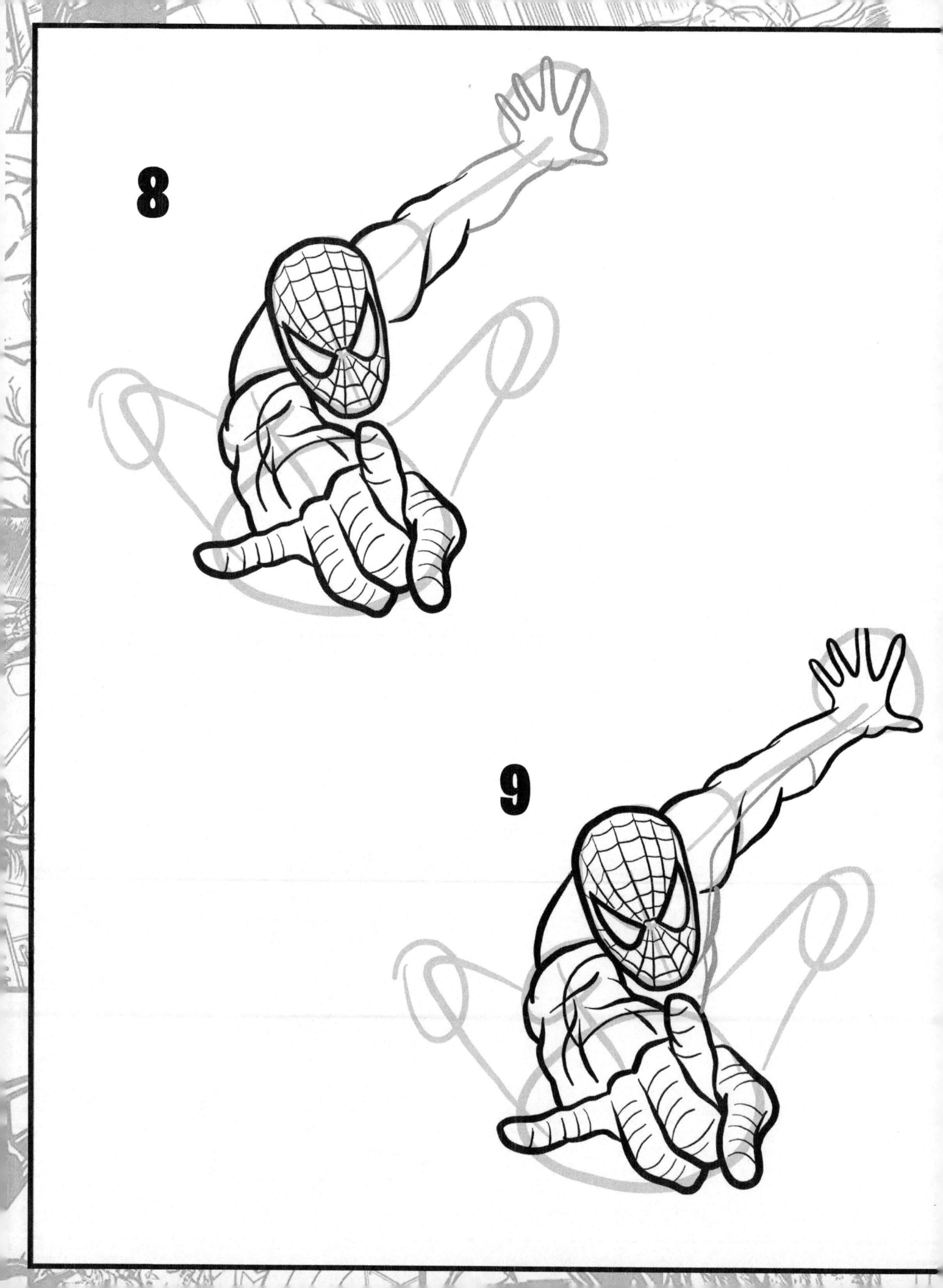

9

10

11

12

13

14

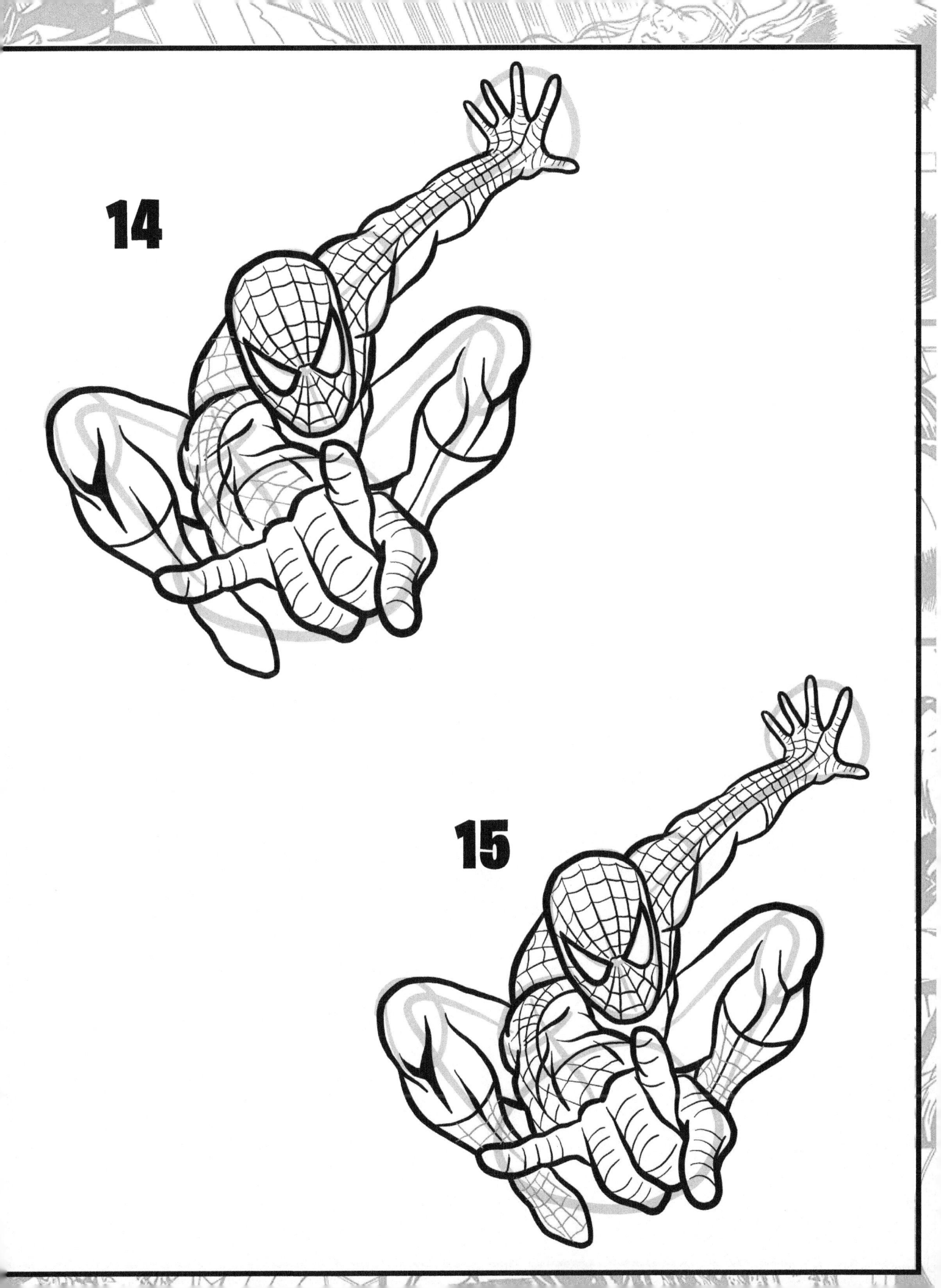

15

16

Thor

1

2

3

4

5

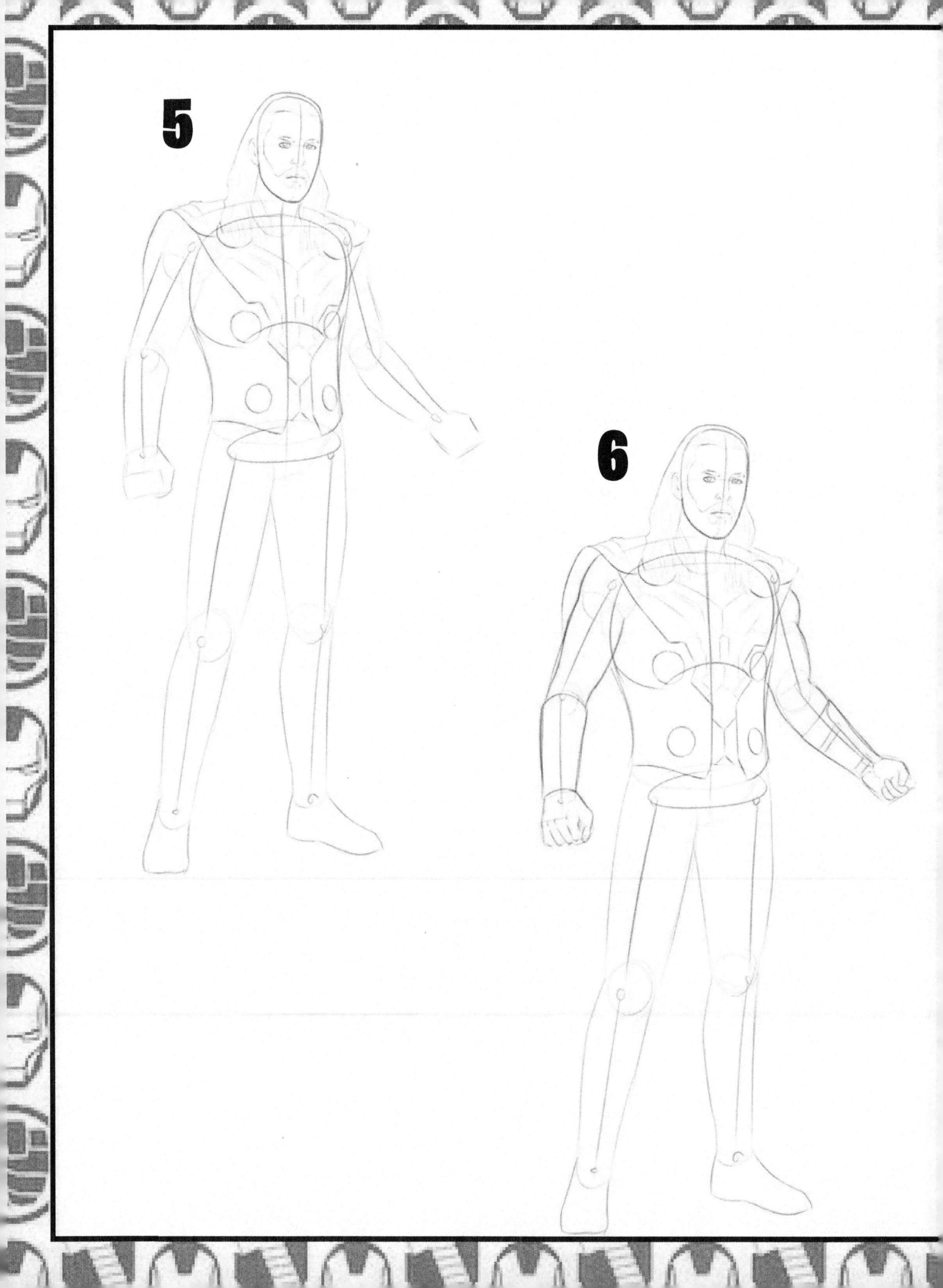

6

7

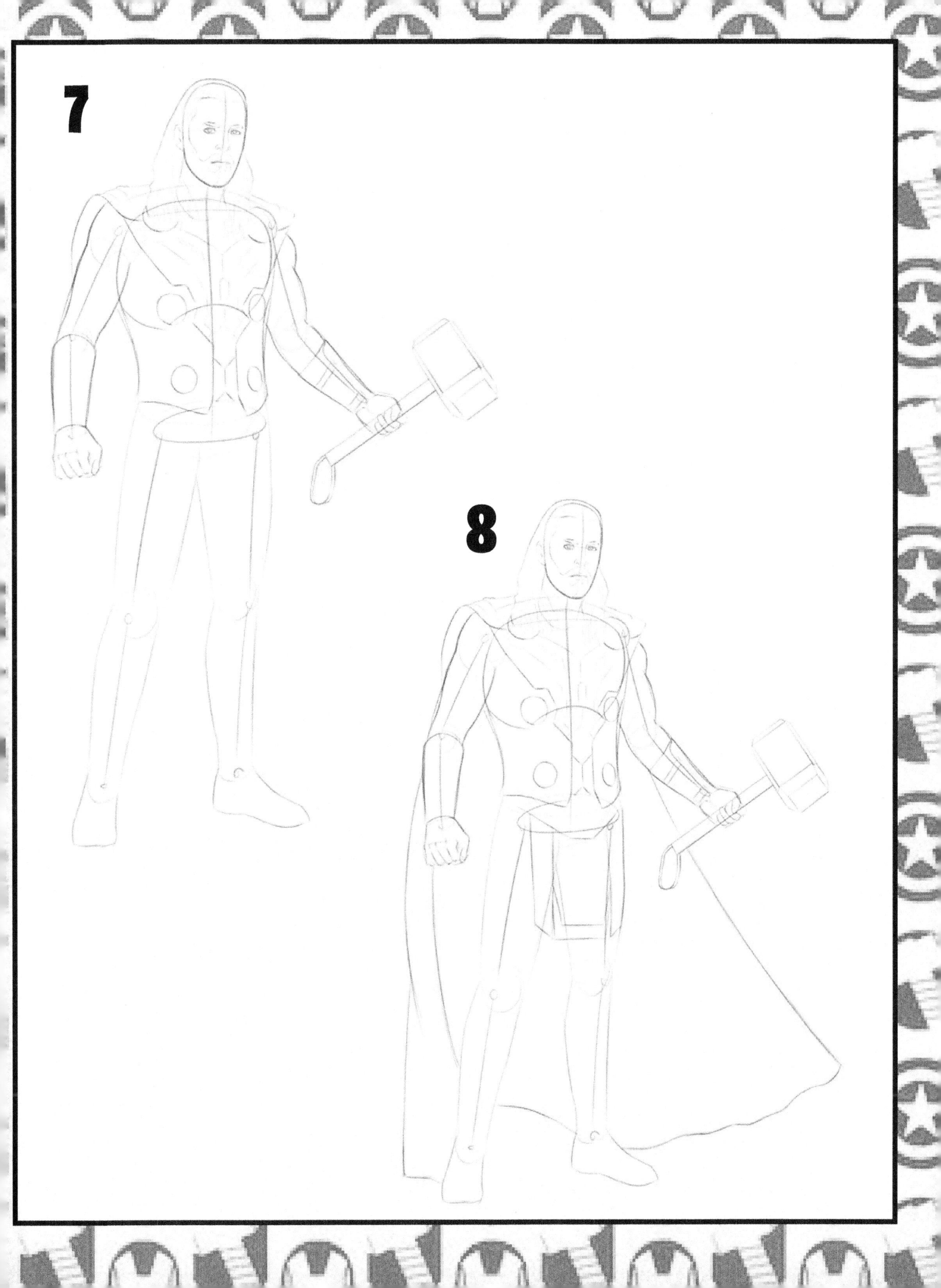

8

9

10

11

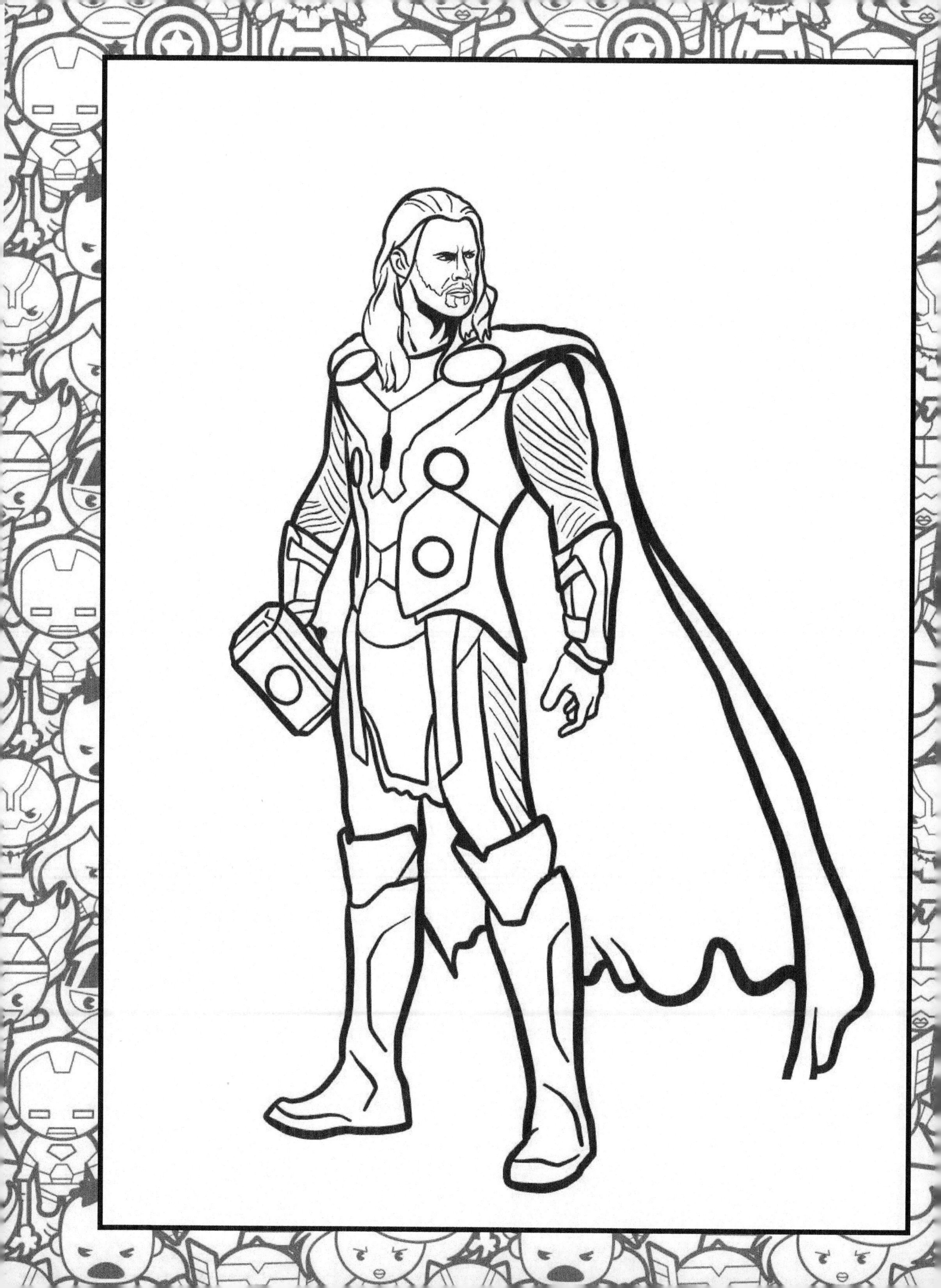

1

2

3

4

5

6

7

8

7

8

9

10

11

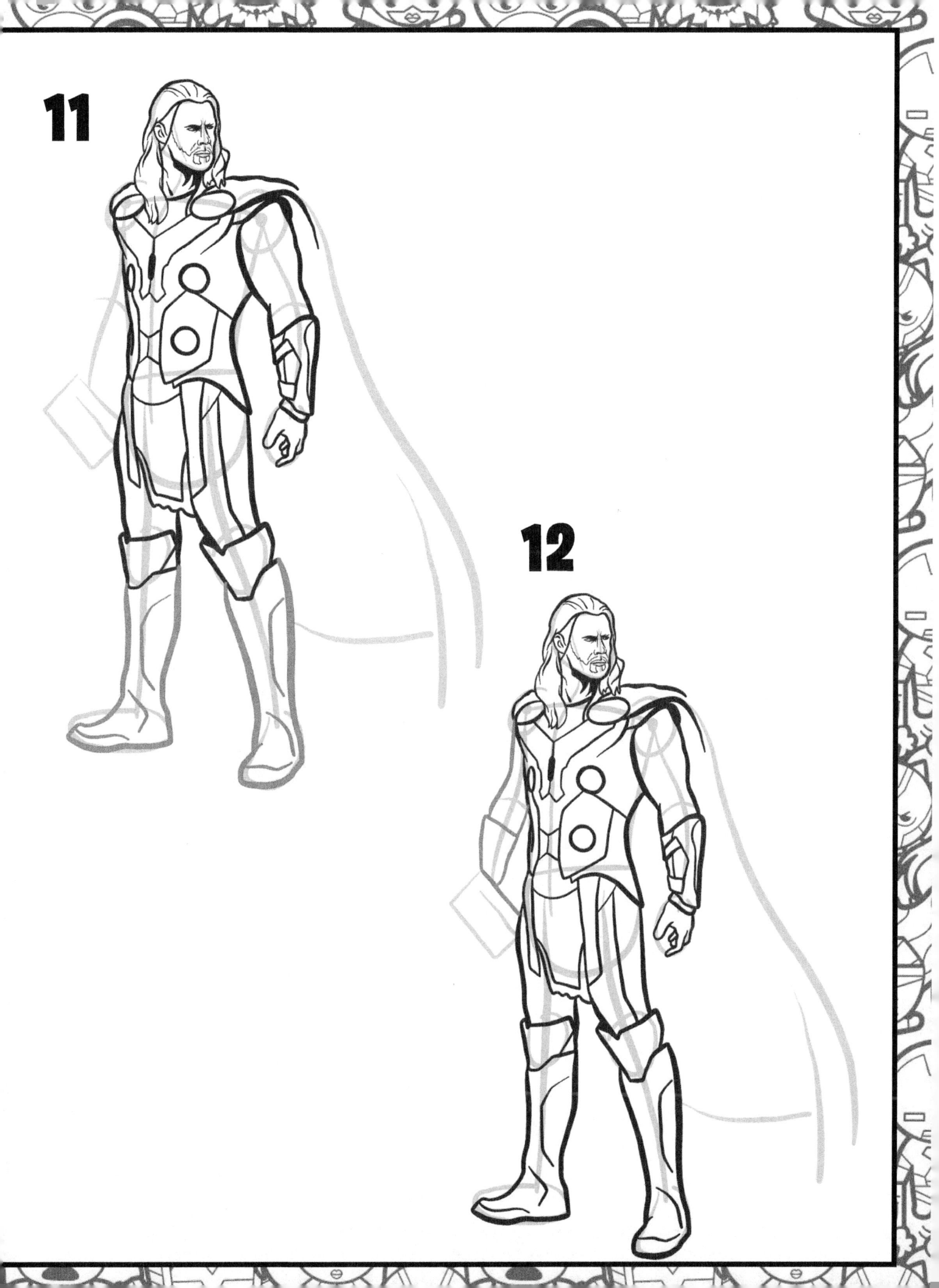

12

13

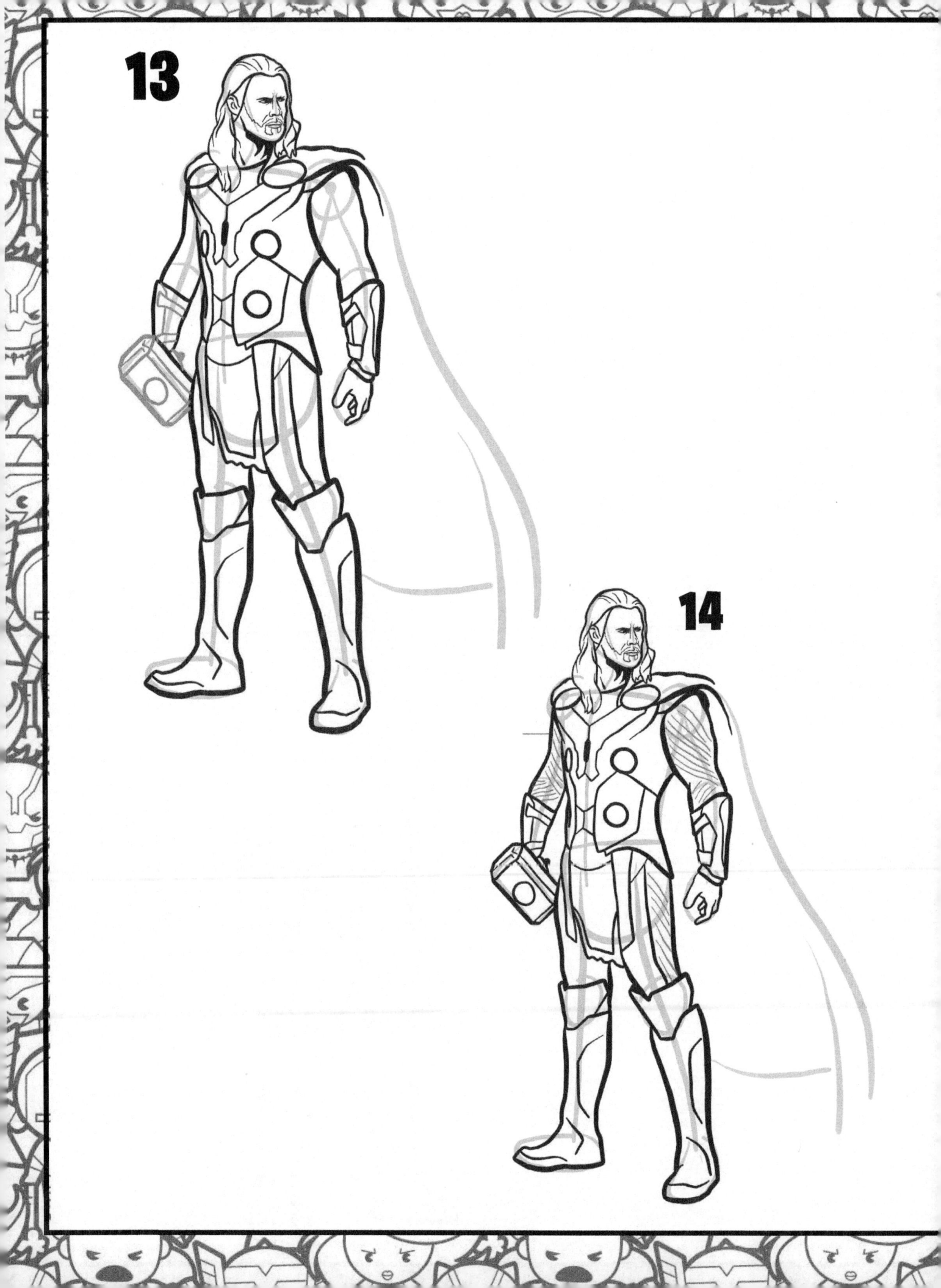

14

15

16

AVENGERS

1

2

3

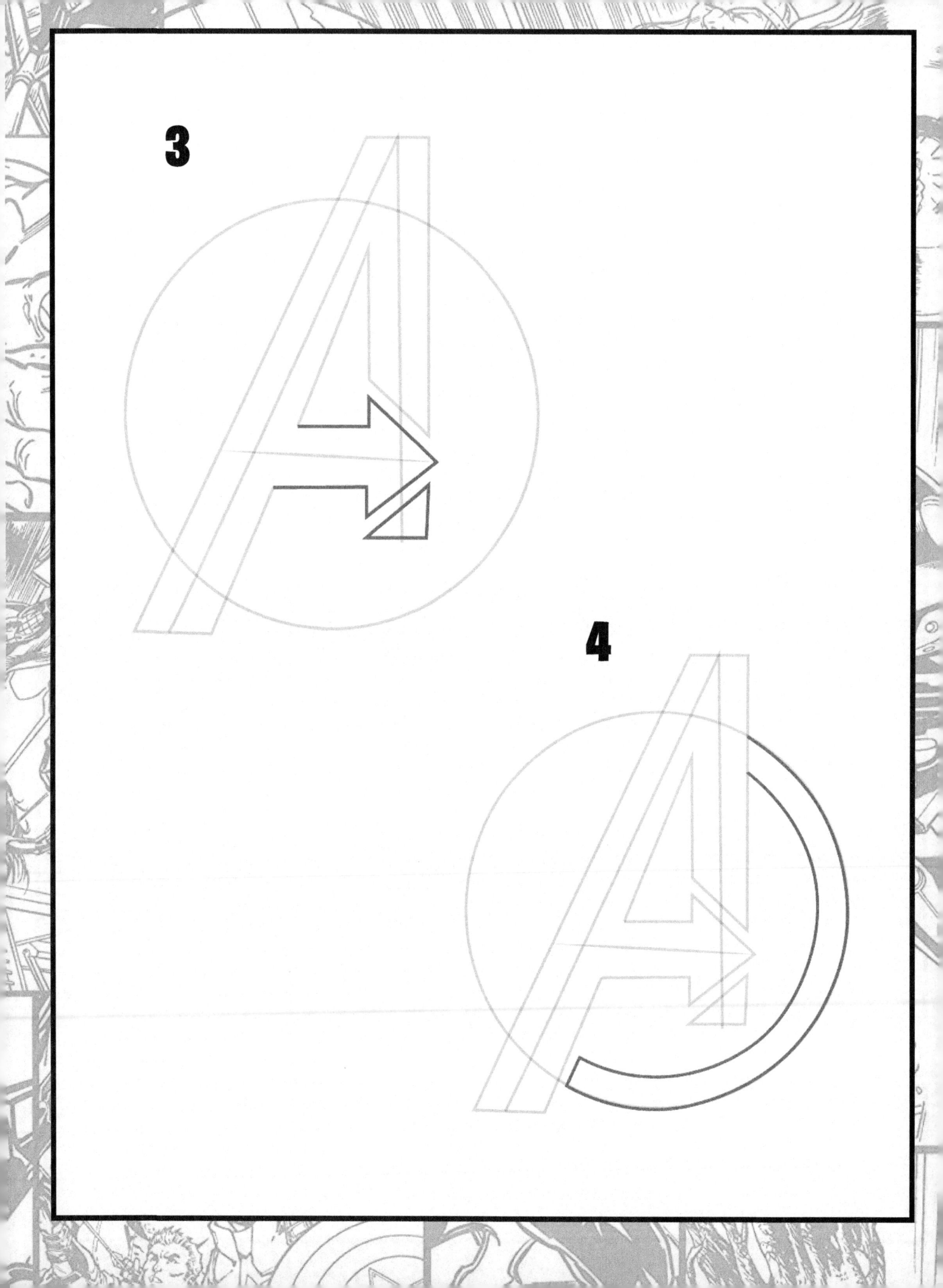

4

5

6

Merci d'avoir acheté notre livre !

Si vous l'aimez, nous apprécierons vraiment votre avis sur Amazon.

Rendez-vous sur la page Amazon de ce livre et cliquez sur "Rédiger un avis client

© COPYRIGHT 2022 - All rights reserved

MARVEL

Printed in Great Britain
by Amazon